Knaur

Nadja Nollau

go!

Endlich neue Wege gehen

Knaur

Nadja Nollau

go!
Endlich neue Wege gehen

Verborgene Verhaltensmuster aufdecken

STOP & GO – Was Sie bremst und was Sie beflügelt

www.knaur-ratgeber.de

Inhalt

Was uns bremst und was uns beflügelt

Leben Sie so, wie es Ihnen wirklich entspricht

Es muss sich was ändern!

Einst träumten Sie von Glück, Liebe und Erfolg. Vielleicht haben Sie manches davon in Ihrem Leben gefunden, doch etwas fehlt noch – oder Sie haben es gefunden und wieder verloren. Nun haben Sie sich mit dem Alltag arrangiert und Ihren Traum aufgegeben. Warum? Weil das Leben halt so ist. Aber fragen Sie sich nicht manchmal, was Sie daran hindert, das zu tun, was Sie wollen? Die Antwort liegt in Ihnen verborgen: Reaktions- und Verhaltensweisen, die wir längst verinnerlicht haben, bremsen uns. Diese Muster können Sie durchbrechen.

Will ich so bleiben, wie ich bin?

Sie kennen das Kompliment: »Sie haben sich ja überhaupt nicht verändert!« Bezogen auf das Erscheinungsbild, ist dies für die meisten sicher schmeichelhaft. Aber sind Sie sich auch der Kehrseite der Aussage bewusst? Denn wenn wir sie auf unser Dasein beziehen, könnten sich hinter dem scheinbaren Kompliment auch ein paar Seitenhiebe verstecken: »Ach, Sie machen immer noch den gleichen langweiligen Job? Die anderen tanzen Ihnen immer noch auf der Nase herum? Es wächst Ihnen immer noch alles über den Kopf? Und Sie haben noch nichts aus Ihren Fehlern gelernt?«
Wer mit seinem Leben mehr oder weniger unzufrieden ist, der möchte, dass sich etwas verändert. Denn solange alles beim Alten bleibt, kann es nicht besser werden. Doch warum scheint bei manchen Menschen nichts weiterzugehen? Aus einem einzigen Grund: Weil die einen nur von einem wunderbaren Leben träumen, während die anderen ihre Träume verwirklichen.

Die anderen sind schuld

Wer unzufrieden mit seinem Leben ist, dreht sich leicht im Kreis und hat das Gefühl von Hilflosigkeit. Da liegt es nahe, die Schuld bei den äußeren Umständen oder bei anderen Menschen zu suchen. Es gibt immer irgendetwas, das uns daran hindert, unserem Leben eine andere Richtung zu geben: Wenn sich der Partner, die Kinder, der Chef oder die Kollegen nur ein bisschen verändern würden, dann ginge es einem selbst gleich viel besser. Denn es ist ja der Chef, der zu wenig Anerkennung übrig hat, die Kollegen, die einem nicht helfen, der Partner, der meistens Streit sucht, die Kinder, die nie tun, was man ihnen sagt, usw. Die Macht liegt bei allem und jedem, nur nicht bei uns selbst. Solche »Sachzwänge« sind sehr praktische Argumente, um Ideen und Vorschläge für Veränderungen abzuwehren oder im Sand verlaufen zu lassen. Irgendein widriger Umstand findet sich immer. Und wir sind in einem Leben gelandet, das wir so nicht wollten.

Sie haben die Macht!

Doch wenn Sie sich wirklich nach Veränderung sehnen, müssen Sie selbst aktiv werden. Wieso sollte Ihre Umwelt dafür verantwortlich sein, dass Sie glücklich werden? Sie wissen doch selbst am besten, was Sie wollen und was Sie können. Also sind auch Sie derjenige, der am besten dafür sorgen kann, dass Sie dies verwirklichen. Die Macht liegt nicht bei den anderen, sondern bei Ihnen! Fangen Sie bei sich selbst an, wenn Sie etwas verändern wollen – und es wird sich nach und nach auch auf Ihre Umgebung auswirken.

Was wir gelernt haben

Als wir Kinder waren und kein Baum uns zu hoch erschien, um hinaufzusteigen und mehr von dieser Welt zu sehen, bekamen wir zu hören: »Klettre nicht so hoch hinauf, du könntest tief fallen.« Die gut gemeinte Warnung der Erwachsenen hatte leider fatale Wirkung: Sie weckte die Angst in uns. Anstatt mutig und hoffnungsfroh weiterzuklettern, haben wir mit jeder weiteren Warnung gelernt, weiteren Risiken aus dem Weg zu gehen und unsere Möglichkeiten einzuschränken.
Auch alte Redensarten wirken eher bremsend statt ermutigend. So macht uns der Spruch »Schuster, bleib bei deinem Leisten« klar, dass es eigentlich nur schiefgehen kann, wenn wir etwas Neues ausprobieren oder aus gewohnten Bahnen ausbrechen wollen. Die Mahnung »Vorsicht ist die Mutter der Weisheit« hält uns ebenfalls an, besser kein Risiko einzugehen. Oder wie klingt dies: »Du willst deinen Job kündigen, in Zeiten wie diesen?« Wer würde es da noch wagen, das alte Gleis zu verlassen?

Die Sätze haben alle einen wahren Kern, müssen aber nicht für jeden gelten. Sie stimmen nur für den, der solche bremsenden Gedanken in sich trägt. Wie sieht es bei Ihnen aus? Tragen Sie ähnliche Warnungen mit sich herum?
Nehmen Sie sich kurz Zeit und überlegen Sie sich, welche Lebensweisheiten Ihnen mitgegeben wurden bzw. Sie nachhaltig geprägt haben:

Wir sitzen in der Sackgasse

All diese »Wegweiser« wurden uns mitgegeben, um uns zu schützen, nicht um uns zu schaden. Eltern, Lehrer, Erzieher etc. haben es gut mit uns gemeint. Als Kinder haben wir die Warnungen und Ratschläge nicht hinterfragt, wir haben den Erwachsenen geglaubt und die Empfehlungen für unseren Lebensweg tief in uns verankert. Noch Jahrzehnte später hören wir die lautlosen Stimmen, die uns bei jeder Gelegenheit irgendeine Warnung zuflüstern: Tu dies und jenes nicht, lass bloß die Finger davon, bleib defensiv und riskiere nicht zu viel, dann kann dir nichts passieren. Und wie in Kindertagen glauben wir den Stimmen und folgen dem Rat.
Leider hat uns all das aber nicht dazu ermutigt, das Leben als Abenteuer zu begreifen und die Möglichkeiten, die sich uns bieten, auszuprobieren. Die Angst vor dem Unbekannten hat uns vielmehr gebremst und uns in eine andere Richtung gelenkt, als wir eigentlich wollten. Wir sind unzufrieden mit unserem Leben, doch wir klettern nicht mehr höher, weil die Angst uns seit Langem blockiert. Wie stellen die Weichen nicht neu, weil wir nicht wissen, wohin die Reise gehen soll. Es könnte ja auch die falsche Richtung sein. Wir ziehen die Bremsklötzchen nicht beiseite, weil wir gar nicht wissen, ob wir bereit sind für die Fahrt. Und so kommen wir nicht vom Fleck und treten auf der Stelle.
Doch weder andere Menschen, Konventionen, Gesetze noch Autoritäten hindern uns daran, etwas in unserem Leben zu verändern. Wir selbst lassen die Bremsklötzchen liegen, denn unsere Ängste und inneren Widerstände hindern uns daran, den Weg frei zu machen, um Neues zu wagen,

einen anderen, bisher unbekannten Weg einzuschlagen. Stattdessen hat uns die Angst vor Fehlern in eine Sackgasse manövriert. Und nun sitzen wir darin fest.
Möchten Sie den Rest Ihres Lebens in dieser Sackgasse verbringen? Offensichtlich nicht, sonst hätten Sie dieses Buch nicht gekauft. Sie sind also bereit, in Ihrem Leben einen neuen Weg zu suchen, eine neue Richtung einzuschlagen. Und Sie sind im Begriff, den ersten Schritt zu tun. Nur Mut! Brechen Sie auf und entdecken Sie sich neu.

Wenig Vertrauen auf die Zukunft

Glauben Sie, dass die Zukunft besser werden könnte als die Vergangenheit? Kreuzen Sie ganz spontan Ihre Antwort an: ○ ja ○ nein. Nach einer Umfrage vom Herbst 2004 antworteten nur 12 Prozent der Deutschen auf diese Frage mit Ja. Das war übrigens einer der niedrigsten Werte weltweit. Zählen Sie vielleicht auch zu diesen 88 Prozent, die keine große Hoffnung für die Zukunft hegen? Dann muss sich wirklich etwas ändern. Und zwar sofort! Denn wie soll Ihr zukünftiges Leben besser werden, wenn Sie davon überzeugt sind, dass dies nicht möglich ist?

Aktivieren Sie Ihre Macht

Sie selbst sind für Ihr Leben, Ihr Wohlbefinden, Ihr Glück und Ihre Erfolge verantwortlich. Das ist eigentlich eine gute Nachricht, trotzdem löst sie häufig Widerstände, manchmal sogar Angst aus. Denn es fällt nicht leicht, selbstverantwortlich wichtige Lebensentscheidungen zu treffen, Veränderungen in Gang zu setzen und alle Konsequenzen zu tragen. Es fällt so lange nicht leicht, solange wir glauben, keine Macht zu haben, zu spät dran zu sein, oder wenn wir nicht genau wissen, wohin die Reise eigentlich gehen soll.
Also müssen wir unsere Macht aktivieren und herausfinden, welchen Weg wir einschlagen sollen. Die Karte, auf der Ihr richtiger Weg eingezeichnet ist, tragen Sie längst bei sich. Das Ziel Ihrer Träume haben Sie darauf schon vor Langem angekreuzt. Sie haben nur vergessen, dass Sie eine solche Schatzkarte haben. Deswegen gilt jetzt, diese vergessene Karte mit dem magischen Kreuz wieder hervorzuholen, sie aufzuschlagen und zu studieren. Wenn Sie Ihre eigene Markierung wieder entdeckt haben, klappt der Aufbruch fast wie von selbst!

Sind Sie reif für Veränderungen in Ihrem Leben?

Sie spüren manchmal ein leichtes Unbehagen, fragen sich, ob es das schon gewesen sein soll? Oder Sie haben in einem bestimmten Bereich Ihres Lebens Zweifel, möchten sie aber nicht ernst nehmen? Mit dem folgenden kleinen Test können Sie herausfinden, wie zufrieden Sie mit Ihrem Leben sind.

Beantworten Sie die fünf folgenden Fragen – ohne lange nachzudenken.

1. Lieben Sie, wer Sie sind?
   ○ ja ○ nein ○ weiß nicht
2. Lieben Sie, wo Sie sind?
   ○ ja ○ nein ○ weiß nicht
3. Lieben Sie, mit wem Sie sind?
   ○ ja ○ nein ○ weiß nicht
4. Lieben Sie Ihr Leben?
   ○ ja ○ nein ○ weiß nicht
5. Sind Sie da angekommen, wo Sie hin wollten?
   ○ ja ○ nein ○ weiß nicht

Auswertung

Wenn Sie mindestens einmal »nein« oder »weiß nicht« angekreuzt haben, dann geht es Ihnen wie vielen Menschen: In Ihrem tiefsten Herzen wünschen Sie sich eine Veränderung in Ihrem Leben. Denn diese kleinen Worte stellen alles infrage. Noch erscheinen die eigenen Gefühle vielleicht unklar. Aber freuen Sie sich über diese erste Erkenntnis: So kann und soll es nicht mehr weitergehen.
Lassen Sie also Veränderungen zu. Sie müssen nicht gleich Ihr ganzes Leben umkrempeln – ein Schritt in eine neue Richtung kann schon viel bewirken. Sie wissen nicht, wie Sie das angehen sollen? Vertrauen Sie auf sich selbst. Alles, was Sie für eine Veränderung brauchen, liegt bereits in Ihnen verborgen. Sie verfügen über alle Ressourcen, die Sie für ein erfülltes und glückliches Leben brauchen. Sie glauben das nicht? Dann lassen Sie sich von diesem Buch an die Hand nehmen und führen.

Verzeihung, aber Ihr Leben wartet

Veränderungen machen Ihnen Angst, weil Sie nicht wissen, was danach kommt? Dann machen Sie sich bewusst, dass Sie den Grad der Veränderung in der Hand haben. Sie sollen keineswegs alles über Bord werfen, den Lebenspartner zum Teufel jagen, den Job kündigen und auswandern. Veränderung bedeutet nur, negative Gefühle, falsche Muster, Gewohnheiten und Verhaltensweisen loslassen und offen werden für die eigenen, noch unbekannten Möglichkeiten. Es geht um das Abenteuer Leben, das auf Sie wartet.

Leben ist kein Stillstand

Veränderung bestimmt unser Leben. Wir lernen laufen, sprechen, wir besuchen die Schule, machen eine Ausbildung etc. Es liegt in der Natur des Lebens, dass wir uns verändern. Zu den »normalen« Veränderungen gesellen sich Erfahrungen, Begegnungen und Schicksalsschläge. Nichts davon geht spurlos an uns vorbei. Dieses Veränderungsprogramm läuft durch Geist, Körper und Seele, ob wir wollen oder nicht.

Aber der Mensch ist auch ein Gewohnheitstier. Das hat Vor- und Nachteile. Wenn wir uns daran gewöhnen, nicht mehr zu rauchen oder mehr Sport zu treiben, ist das eine wunderbare Sache. Nachteilig wird Gewohnheit, wenn Verhaltens- und Denkweisen uns so selbstverständlich geworden sind, dass wir sie gar nicht mehr hinterfragen, sie aber unbewusst unsere täglichen Entscheidungen und Handlungen maßgeblich beeinflussen. Schließlich ist es bequemer, in gewohnten Bahnen zu bleiben, als auszubrechen, Neues auszuprobieren und das Risiko des Scheiterns einzugehen. Aber der Schein trügt, denn sonst wären da nicht die Gefühle von Unzufriedenheit.

Was wünschen Sie sich wirklich?

Sie haben den kleinen Test auf Seite 11 gemacht und festgestellt, dass Sie sich eine Veränderung in Ihrem Leben wünschen. Doch wie soll diese aussehen? Fangen Sie damit an, herauszufinden, was genau Ihnen an Ihrem Leben nicht gefällt. Wir sind uns oft gar nicht im Klaren darüber, was wir uns wünschen, was für uns wirklich zählt und was nicht. Dabei ist es wichtig, unsere wahren Bedürfnisse hinter den Wünschen zu erkennen. Anhand der folgenden Anleitung können Sie herausfinden, welche geheimen Wünsche in Ihnen schlummern.

1. Wählen Sie aus der folgenden Liste in Ruhe zehn Begriffe aus, die Ihnen wichtig sind und die Sie sich für Ihr Leben wünschen.

Was spricht Sie an, was hätten Sie gerne oder was fehlt Ihnen? Sie können sich auch vorstellen, dass vor jedem Begriff »mehr« steht. Lassen Sie sich Zeit und bewerten Sie die Begriffe nicht nach »gut«, »schlecht« oder »unerreichbar«. Die ausgewählten Begriffe schreiben Sie auf.

Mut · Autorität · Willenskraft · Harmonie · Spiritualität · Wachstum · Wahrhaftigkeit · Heimat · Kompetenz · Integrität · Hingabe · Entwicklung · Körpergefühl · Lebenskraft · Energie · Wohlbefinden · Schönheit · Vitalität · Sexualität · Stärke · Gesundheit · Genuss · Jugendlichkeit · Freiheit · Entspannung · Freizeit · Behaglichkeit · Freundlichkeit · Natur · Toleranz · Verständnis · Ausgeglichenheit · Friede · Optimismus · Zufriedenheit · Abenteuer · Selbstbewusstsein · Flexibilität · Abwechslung · Begeisterung · Herausforderung · Macht · Verantwortung · Selbsterkenntnis · Hilfsbereitschaft · Kontrolle · Entschlossenheit · Führung · Respekt · Selbstachtung · Karriere · Gerechtigkeit · Familie · Sensibilität · Selbstvertrauen · Charisma · Ehrlichkeit · Wahrheit · Respekt · Intuition · Zielsicherheit · Weiheit · Glaube · Ordnung · Wissen · Erfolg · Reichtum · Ansehen · Geselligkeit · Status · Ruhm · Luxus · Liebe · Unabhängigkeit · Freude · Dankbarkeit · Beziehungen · Kompetenz · Kreativität · Prestige · Pünktlichkeit · Teamgeist

1 ______________________________
2 ______________________________
3 ______________________________
4 ______________________________
5 ______________________________
6 ______________________________
7 ______________________________
8 ______________________________
9 ______________________________
10 ______________________________

2. Wählen Sie nun aus diesen zehn Begriffen die vier aus, die Ihnen am wichtigsten sind, und notieren Sie diese.

1 ______________________________
2 ______________________________
3 ______________________________
4 ______________________________

3. Bringen Sie jetzt die vier Begriffe in die Reihenfolge, die ihrer Wichtigkeit entspricht. Der Begriff, der Ihren wichtigsten Wunsch darstellt, steht auf Platz eins.

1 ______________________________
2 ______________________________
3 ______________________________
4 ______________________________

Auswertung

Betrachten Sie die vier Begriffe, die Sie ausgewählt haben. Überrascht Sie das Ergebnis? Wir sind uns oft nicht im Klaren darüber, was uns wirklich wichtig ist und wonach wir uns sehnen. Fest steht jedoch: Wenn Sie sich diesen Wunsch in Ihrem aktuellen Leben noch nicht erfüllen konnten, kann dies der Grund für Ihre Unzufriedenheit sein.

Schauen Sie sich die Begriffe nacheinander an und überlegen Sie, wie es mit diesen Wünschen in Ihrem Leben aussieht. Seien Sie ehrlich zu sich selbst, ziehen Sie die verschiedenen Lebensbereiche in Betracht. So können Sie jeden einzelnen Wunsch vielleicht noch konkreter fassen und vielleicht schon eine Idee davon bekommen, wie er zu erfüllen ist. Als Anregung gehen wir hier zwei Begriffen auf den Grund.

Jemand, für den »Freiheit« ein wichtiger Wunsch ist, der wird in einer Firma mit strengen Strukturen und Hierarchien, diktatorischen Vorgesetzten, unflexiblen Arbeitszeiten und starren Arbeitsinhalten kaum glücklich werden können. In diesem Fall ist nicht ein toller Urlaub das Ziel, sondern eine Veränderung im Bereich des Jobs.

Wer den Begriff »Macht« ausgewählt hat, der hat momentan vermutlich das Gefühl, den Dingen und Ereignissen ausgeliefert zu sein und selbst nicht mehr agieren zu können. Die Lektüre dieses Buches kann dabei helfen herauszufinden, woraus diese Ohnmachtgefühle resultieren und wie man aus der Opferrolle herauskommen kann.

Raus aus dem täglichen Einerlei

Sie haben einiges über Ihre wirklichen Wünsche herausgefunden, dies ist der erste Schritt auf dem Weg zu einem erfüllteren Leben. Wenn Sie nun etwas ändern wollen, müssen Sie alte Verhaltens- und Reaktionsmuster abstreifen und negative Gefühle in positive umwandeln. So wie es dem »Wetterfrosch« Phil in dem Film »Und täglich grüßt das Murmeltier« gelingt. Dieser Film erzählt auf wunderbare und äußerst unterhaltsame Weise, wie unsere Gefühle und Verhaltensweisen uns in Sackgassen treiben.

Darum geht es: Der 2. Februar ist für einen kleinen Ort in Pennsylvania ein besonderes Datum. Es ist der »Murmeltiertag«, denn an diesem Tag wird aufgrund des Verhaltens eines Murmeltiers die Vorhersage getroffen, ob der Winter noch länger dauert oder ob es bald Frühling wird. Phil Connors, gespielt von Bill Murray, ist der »Wetterfrosch« eines kleinen Lokalsenders und soll vor Ort über das große Ereignis berichten. Am Morgen des 2. Februar wird er vom Radio geweckt und von diesem Moment an erlebt er Tag für Tag nur noch diesen zweiten Februar, so als befände er sich in einer Zeitschleife. Jeden Morgen, wenn Phil aufwacht, beginnt erneut der 2. Februar. Er kann anstellen, was er will, sich auf die verrückteste Weise aufführen und sich sogar das Leben nehmen – am nächsten Morgen wacht er wieder auf und alles beginnt von vorne. Da er der Einzige ist, dem das passiert, glaubt ihm keiner. Allmählich erkennt Phil, dass er nur eine Chance hat, diesem Kreislauf zu entkommen: Er selbst muss sich ändern. Und so erlebt er eine wunderbare Verwandlung und sprengt damit die ewige Wiederholung.

Die Macht der Gefühle

Auch wir können den Alltag durchbrechen. Dazu müssen wir nur ein einziges Mal anders als gewohnt reagieren. Für diesen ersten Schritt müssen wir uns aber zuerst an unsere Gefühle heranwagen. Warum? Weil sie überall sind und unsere Einstellungen, Entscheidungen und Handlungen bestimmen. So haben auch all die Bremsklötzchen, die unsere Wünsche und Träume blockieren, eines gemeinsam: Sie bestehen aus mächtigen Gefühlen, wie zum Beispiel Angst, Misstrauen, Neid, Mutlosigkeit etc. Und diese Gefühle bestärken unsere Reaktionen und Verhaltensweisen. Wenn Sie davon überzeugt sind, immer zu kurz zu kommen, unfähiger oder weniger erfolgreich als andere zu sein, dann wird genau das eintreten. Diese negativen Gefühle sind so stark, dass sie wie ein Magnet negative Erlebnisse anziehen. Gleiches sucht Gleiches.

Alles, was uns widerfährt, entspringt nicht dem Zufall oder dem Schicksal. Wir selbst sind der Auslöser dafür. So ein Unsinn, denken Sie vielleicht, wenn Sie das lesen. Ertappt! Diese Reaktion ist ebenfalls ein Bremsklötzchen. Was in uns ist und was wir fühlen, spiegelt sich in unserem Sein wider. Unsere Lebensumstände sind ein Abbild unseres Seelenzustands. Sind Ihnen diese Gedanken neu? Möglicherweise nicht, aber angenehm ist er Ihnen wahrscheinlich auch nicht. Denn dieser Gedanke beinhaltet zwei Konsequenzen: Alles liegt in unserer Hand und alles ist möglich!

Lösen Sie alte Muster auf

Sie können also Ihr Leben verändern, wenn Sie das wollen! Und dieses Buch hilft Ihnen dabei. Sie werden viel über typische Reaktions- und Verhaltensweisen erfahren, die wir uns angewöhnt haben und die uns daran hindern, uns weiterzuentwickeln. Diese Muster haben teilweise ihren Ursprung in unserer Kindheit und wir tragen sie schon so lange in uns, dass wir uns dessen gar nicht mehr bewusst sind. Sicher treffen nicht alle auf Sie zu – anhand von Tests können herausfinden, wo Sie stehen. Zudem geben wir Ihnen Strategien an die Hand, wie Sie diese bremsenden Muster auflösen können.

1. Muster: Im Stillstand verharren. Wenn es Ihr größter Wunsch ist, endlich aus der Warteschleife auszuscheren und aktiv zu werden, dann können Sie jetzt die Angst davor loswerden und Zuversicht und Selbstvertrauen bekommen.

2. Muster: Sich in der Opferrolle gefallen. Wenn Sie nicht länger in der Opferrolle bleiben, sondern für sich und Ihr Leben die Verantwortung übernehmen wollen, dann können Sie jetzt die Mutlosigkeit abwerfen und selbst das Steuer in die Hand nehmen.

3. Muster: Sich durch Schuldgefühle bremsen lassen. Wenn Sie häufig von Schuldgefühlen geplagt werden, aber endlich ohne schlechtes Gewissen auch einmal Nein sagen wollen, dann können Sie jetzt lernen, wie Sie sich selbst an die erste Stelle setzen.

4. Muster: Sich durch Neidgefühle minderwertig fühlen. Wenn Sie bisher neidisch auf das geschaut haben, was die anderen hatten und Sie nicht, dann können Sie nun ein gutes Selbstwertgefühl entwickeln und so aus der Neidfalle schlüpfen.

5. Muster: Sich in Träumen verfangen. Wenn Sie bislang dem falschen Traum vom Glück nachgelaufen sind, dann können Sie endlich den Mut zum wirklichen Leben erlangen und der Traumfalle Ade sagen.

6. Muster: Im Stresskarussell feststecken. Wenn Stress Ihr Wohlbefinden und Ihre Gesundheit beeinträchtigt, dann ist es heilsam, aus dem Stresskarussell auszusteigen, die Kunst des Loslassens zu lernen und diesen atemlosen Kreislauf zu stoppen.

7. Muster: Die Vernunft über alles stellen. Wenn Sie überwiegend rationale Entscheidungen treffen und damit oft falsch liegen, können Sie jetzt das Vernunftkorsett ablegen und mehr auf Ihren Bauch vertrauen. Denn jeder verfügt über eine Art sechsten Sinn, auf den er bauen kann.

Was dieses Buch für Sie tun kann

Natürlich haben Sie auch viele Gewohnheiten, Gedanken und Verhaltensweisen, die in Ordnung sind, und die Sie bewahren sollten. Viele Verhaltensweisen haben wir im Laufe der Jahre bereits durch »learning by doing« selbst überprüft, behalten oder erfolgreich verworfen. Sie erinnern sich: Das Leben ist Veränderung. Doch so manche hartnäckige Gewohnheit oder Reaktionsweise würden wir gerne loswerden, es gelingt uns aber nicht. Finden Sie daher heraus, was dahintersteckt. Gehen Sie Ihren Verhaltensmustern auf den Grund. So können Sie Korrekturen vornehmen und dann werden Sie Ihr Leben in die Richtung lenken, die Sie sich wünschen.

Dieses Buch möchte Sie auf diesem Weg begleiten und Ihnen mit vielen Informationen und praktischen Tipps dabei helfen, Ihr Leben neu zu entdecken. Arbeiten Sie mit dem Buch! Schreiben Sie hinein! Machen Sie sich Notizen! Behandeln Sie es wie ein Tagebuch, es ist Ihr ganz persönliches Exemplar. Wenn Sie das Buch dann später wieder einmal in die Hand nehmen, können Sie nachlesen, was Ihnen durch den Kopf gegangen ist, und Sie werden feststellen, dass sich vieles verändert hat.

Sie zweifeln noch? Kein Wunder, denn noch ist alles nur Theorie. Aber Sie haben den ersten Schritt bereits gemacht, indem Sie Ihren wahren Wünschen auf den Grund gegangen sind und festgestellt haben: Es muss sich was ändern. Noch wissen Sie nicht, was genau und vor allem wie – aber mithilfe dieses Buches können Sie einen Versuch starten. Sie riskieren nichts, nur, dass Ihr Traum in Erfüllung geht. Also träumen Sie nicht nur von mehr Liebe, Gesundheit, Erfolg, Freizeit, Freiheit, Gesundheit. Packen Sie zu und legen Sie los.

Das Wunschprogramm

In diesem Buch erfahren Sie viel darüber, wie Sie Ihre wahren Wünsche erkennen. Das hier beschriebene Wunschprogramm zeigt Ihnen, was Sie tun können, damit sich Ihre Wünsche dann auch erfüllen. Dazu müssen Sie Ihre Wünsche und Träume mit positiven Energien aufladen, denn so werden sie zu Magneten, die alles anziehen, was zu ihrer Verwirklichung beiträgt. Das bewirkt nicht irgendjemand, sondern es liegt bei Ihnen. Nur Sie können Ihre Einstellung und Ihre Gefühle wirksam und nachhaltig ändern.

Das Wunschprogramm einleiten

Rufen Sie sich einmal folgendes Bild ins Gedächtnis: Sie stehen am Bahnhof und haben den Zug verpasst. Was fühlen Sie dabei? Trauer, Wut, Enttäuschung? Verändern Sie nun im Geiste diese Situation und stellen Sie sich vor, Sie sind rechtzeitig am Bahnhof eingetroffen, sind in den Zug eingestiegen und unterwegs. Versuchen Sie dieses wohlige Gefühl einmal richtig zu spüren. Können Sie das? Ja, Sie können das. Denn Sie können sich sicher an eine Situation erinnern, in der Sie sich ähnlich gut gefühlt haben, weil Sie ein Teilziel erreicht haben und auf dem Weg zu weiteren Etappen waren. Nehmen Sie diese positive Stimmung wahr und fühlen Sie, wie Sie dadurch belebt werden.

Das ist der Schlüssel, um Wünsche wahr werden zu lassen. So wie Sie dieses Bild vom Bahnhof gerade im Geiste umgeschrieben haben, genauso können Sie Ihre Wünsche und Träume mit guten Gefühlen aufladen. Sie erzeugen in sich eine positive Schwingung, gleichermaßen, als wären Sie frisch verliebt. Erinnern Sie sich an Ihr erstes Verliebtsein! Hat da nicht jede Zelle Ihres Körpers jubiliert? Hat Ihr Herz nicht dauernd kleine Luftsprünge fabriziert? Und hatten Sie nicht das Gefühl, Sie könnten die Welt umarmen oder gleich ganz aus den Angeln heben? Sie waren so aufgeladen mit positiven Gefühlen und fühlten sich glücklich und stark. In dieser Hochstimmung ging Ihnen mit Sicherheit vieles leicht von der Hand.

Die vier Schritte des Wunschprogramms

Um diese positiven Schwingungen dreht sich alles. Das funktioniert in vier Schritten:

Schritt 1: Stellen Sie zuerst fest, was Sie nicht mehr wollen.

Schritt 2: Finden Sie ganz konkret heraus, was Sie in Wahrheit wollen.

Schritt 3: Fühlen Sie Ihre Wünsche mit großer Hingabe.
Schritt 4: Freuen Sie sich darauf, dass Ihre Wünsche in Erfüllung gehen.

Stellen Sie fest, was Sie nicht mehr wollen

Das wird Ihnen sicher nicht schwer fallen. Hier ein paar Beispiele.

- Sie wollen nicht mehr ständig knapp bei Kasse sein.
- Sie wollen vor den Prüfungen nicht mehr so fürchterlich nervös sein.
- Sie wollen vom Partner nicht mehr so gleichgültig behandelt werden.
- Sie wollen nicht mehr den andern beim Tanzen nur zusehen.
- Sie möchten nicht mehr diesem unbefriedigenden Beruf nachgehen müssen.
- Sie wollen nicht mehr nur für zwei kurze Wochen verreisen.
- Sie möchten bei Einladungen nicht mehr stumm dabeisitzen, weil Ihnen nichts einfällt.
- Sie wollen sich nachts nicht mehr schlaflos im Bett wälzen.

Notieren Sie hier, was Sie selbst nicht mehr wollen:

____
____
____
____
____
____
____
____
____

Lesen Sie laut, was Sie hier aufgeschrieben haben, und achten Sie dabei auf Ihre Gefühle. Merken Sie, was mit Ihnen geschieht? Wenn wir uns immer wieder sagen, was wir nicht mehr wollen, fühlen wir uns schlecht. Denn wir formulieren ja nur, was uns fehlt. Wünsche wie diese enthalten alles, was wir nicht haben. Wenn wir nicht mehr ständig knapp bei Kasse sein wollen, heißt das, wir haben zu wenig Geld. Wenn wir nicht mehr alles alleine tun wollen, heißt das, wir bekommen keine Unterstützung.
In all diesen Wünsche stecken also nur negative Gefühle: Unzufriedenheit, Überlastung, Einsamkeit, Ärger, Angst, Mutlosigkeit etc. Wenn Sie diese unguten Gefühle mit sich tragen, sind Sie aber innerlich nicht offen für das Gute und Schöne. Deshalb müssen Sie diese »negativen« Wünsche in positive verwandeln.

Finden Sie heraus, was Sie in Wahrheit wollen

Nun drehen Sie den Spieß um und nähern sich der Wahrheit. Dazu müssen Sie Ihre Wünsche entsprechend umformulieren. Was wollen Sie denn wirklich?

- Sie möchten ein Konto, das immer im Plus ist.
- Sie wollen Prüfungen entspannt und mit Bravour bestehen.
- Sie wollen, dass Ihr Partner Ihnen mit mehr Aufmerksamkeit begegnet und Sie wieder begehrt.
- Sie wollen endlich einen Tanzkurs machen.

- Sie möchten endlich Ihrem eigentlichen Talent und Wunsch nachkommen können und einen Roman schreiben.
- Sie wollen eine Auszeit von ein paar Monaten nehmen und auf Weltreise gehen können.
- Sie möchten bei Einladungen ein schlagfertiger, witziger und geistreicher Gast sein.
- Sie wollen nachts tief und ohne Unterbrechung schlafen und morgens erfrischt aufwachen.

Notieren Sie hier, was Sie sich persönlich wünschen:

____

____

____

____

____

____

____

____

Und nun lesen Sie Ihre Wünsche wieder laut vor. Was fühlen Sie dabei? Mit Sicherheit haben Sie jetzt ein viel besseres Gefühl als zuvor. Denn nun stecken in diesen Wünschen positive Gefühle, die mit magnetischer Kraft das Gleiche anziehen werden: Zufriedenheit, Ruhe, Gemeinsamkeit, Freude, Hoffnung, Mut etc. Sie haben sich durch diese kleine Veränderung auf ein positives Gefühlsniveau bewegt und sich damit innerlich für das Gute und Schöne geöffnet. Aber bevor die Wünsche in Erfüllung gehen können, müssen wir sie noch verstärken. Dies geschieht durch den folgenden Schritt.

Fühlen Sie Ihre Wünsche mit größtmöglicher Hingabe

Um einen Wunsch mit Hingabe zu empfinden, müssen Sie für ihn die passenden Gefühle finden und verankern. Hier ein paar Beispiele, wie Sie dabei vorgehen können:

- Sie wollen ein immer gefülltes Bankkonto haben? Dann erinnern Sie sich an eine Situation, in der Sie völlig frei von finanziellen Sorgen waren. Diese Phase gab es einmal in Ihrem Leben, auch wenn es heute vielleicht anders ist. Erinnern Sie sich daran, wie unbeschwert Sie sich damals gefühlt haben, wie schön es war, einkaufen zu gehen, ohne ständig über Geld und Preise nachdenken zu müssen. Dieses extrem angenehme Gefühl müssen Sie nun mit Ihrem Wunsch koppeln.
- Sie wollen Prüfungen mit Bravour bestehen? Bei welcher Prüfung ist Ihnen das einmal gelungen? Das kann auch etwas ganz Unbedeutendes gewesen sein wie zum Beispiel den Wagen in eine sehr kleine Lücke einparken, oder es mag schon sehr lange her sein, wie zum Beispiel ein Malwettbewerb in der Grundschule. Wann und was es war, spielt keine Rolle. Es geht um das Gefühl, einen Sieg errungen zu haben, das Sie von nun an mit Ihrem aktuellen Wunsch koppeln sollen.
- Sie wollen Ihre Partnerschaft wieder neu beleben? Dann denken Sie an die Zeit, in der Sie glücklich verliebt waren. Lassen Sie sich von dieser verliebten Stimmung tragen. Ihr Partner wird darauf reagieren.

- Sie wollen tanzen? Wann haben Sie sich einmal zum Rhythmus einer Musik so bewegt, als wäre es das Selbstverständlichste der Welt? Spüren Sie, wie gut sich Ihr Körper dabei gefühlt hat.
- Sie wollen Ihr Talent einsetzen? Denn in Ihnen schlummert eine Leidenschaft, der Sie bislang viel zu wenig Raum für ihre Entfaltung gegeben haben? Wann haben Sie das zuletzt getan und sich einfach wohl dabei gefühlt? Erinnern Sie sich an die Hingabe und das wohlige Gefühl der Zufriedenheit und laden Sie Ihren Wunsch damit kräftig auf.
- Sie wollen aussteigen und eine Reise unternehmen? Wann hatten Sie das Gefühl, Herr über Ihre Zeit zu sein und grenzenlos unterwegs zu sein? Spüren Sie dieses Gefühl von Freiheit und Abenteuer und koppeln Sie es mit Ihrem Wunsch.
- Sie möchten schlagfertig, witzig und geistreich sein? Bei welcher Gelegenheit haben Sie ein Publikum in Ihren Bann gezogen? Spüren Sie noch einmal diese wunderbare Verbindung zwischen Ihnen und den anderen und fühlen Sie das, so oft Sie können.
- Sie wollen gut und ohne Unterbrechung schlafen und erfrischt aufwachen? Es gab Zeiten, da war dies Fall. Vielleicht müssen Sie weit zurückgehen, bis in Ihre Kindheit. Aber es gab ganz sicher so eine Nacht, in der Sie sich geborgen und sicher gefühlt haben, erinnern Sie sich nun immer daran, wenn Sie zu Bett gehen.

Notieren Sie hier in Stichpunkten die Situationen, die zu Ihren Wünschen passen, weil die guten Gefühle identisch sind:

____
____
____
____
____
____
____
____
____

Sie haben nun die passenden positiven Gefühle für Ihre aktuellen Wünsche entdeckt und damit Ihre wahren Wünsche aufgeladen. Diese starke innere Haltung verleiht Ihnen und Ihren Wünschen magnetische Kraft. Gleiches wird Gleiches anziehen. Ihre innere Haltung wird sich in den äußeren Umständen widerspiegeln. Sie müssen lediglich das entsprechende Gefühl immer wieder fühlen!

Freuen Sie sich darauf, dass Ihr Wunsch in Erfüllung geht

Wenn Sie Ihren Herzenswunsch nach diesem Programm bearbeiten und das positive Gefühl, das Sie beim Gedanken an den Wunsch haben, intensiv fühlen und immer wieder in sich aufrufen, dann werden Sie sich verändern. Sie werden erfüllt sein von schönen und optimistischen Gefühlen. Und das, was nun in Ihnen vibriert, wird sich seine Entsprechung im Äußeren suchen.

stop! & go!
Verborgene Verhaltens-muster aufdecken

Schieben Sie die Bremsklötzchen beiseite und machen Sie den Weg frei für Veränderungen

Sieben Mal stop! & go!

Im Folgenden werden sieben typische Verhaltensmuster beschrieben, wie sie uns bremsen und wie wir sie ablegen können. Bei den einen werden Sie sich mehr, bei anderen weniger erkennen. Seien Sie ehrlich zu sich und offen für neue Erkenntnisse.

1 *stop!* Raus aus der Warteschleife und endlich aktiv werden

Die Mut-Strategien *go!*

2 *stop!* Raus aus der Opferrolle und selbst die Regie übernehmen

Die Regie-Strategien *go!*

3 *stop!* Raus aus den Schuldgefühlen und sich an die erste Stelle setzen

Die Ego-Strategien *go!*

4 *stop!* Raus aus der Neidfalle und den eigenen Wert erkennen

Die Selbstwert-Strategien *go!*

5 *stop!* Raus aus der Traumfalle und das wahre Glück finden

Die Glücks-Strategien *go!*

6 *stop!* Raus aus dem Stresskarussell und das Tempo selbst bestimmen

Die Relax-Strategien *go!*

7 *stop!* Raus aus dem Vernunftkorsett und auf sich selbst vertrauen

Die Gefühls-Strategien *go!*

stop!

Raus aus der Warteschleife

go!

und endlich aktiv werden

Sie träumen von Abwechslung, von interessanten Erlebnissen, von spannenden Abenteuern. Aber Sie wissen auch, dass Ihnen der Mut fehlt, aus dem Alltagstrott auszubrechen und etwas Neues zu wagen. Doch während Sie Ihr Leben leben und die Zeit verrinnt, werden die unerfüllten Sehnsüchte immer stärker. Wagen Sie es! Verlassen Sie die Warteschleife und machen Sie Ihre Wünsche wahr. Denn so zu leben, wie es Ihnen entspricht, ist das größte Abenteuer.

Träumst du noch oder lebst du schon?

Wer morgens aufwacht und sich auf den Tag freut, hat ein erfülltes Leben. Aber das bleibt pure Illusion, **solange wir unsere Herzenswünsche nur denken,** statt sie zu verwirklichen. In der Fantasie erscheint uns kein Gipfel zu hoch, kein Ziel zu weit, kein Abenteuer zu gefährlich, um sich daran zu versuchen. Aber im **wahren Leben halten uns die Bremsklötzchen** namens Gewohnheit, Trägheit, Angst zurück. **Doch nur wer wagt, gewinnt.** Erfüllen Sie sich deshalb endlich einen Wunsch, den Sie schon lange hegen.

Leben ist kostbare Zeit

Stellen Sie sich einmal vor, Sie hätten nur noch einen Tag zu leben. Wenn Sie in dieser Situation Ihr bisheriges Leben Revue passieren lassen würden, was würden Sie dann am meisten bedauern? Ganz sicher würden Sie nicht sagen: Ich bedauere, dass ich nicht mehr Zeit im Büro oder vor dem Fernseher verbracht habe. Das, was wir am meisten bereuen, sind all die Wünsche, die wir uns nicht erfüllt haben, und die Erfahrungen, die wir nicht gemacht haben und die wir nie wieder nachholen können. Wir haben die Freiheit, alles zu tun – aber wir müssen auch die Konsequenzen tragen. Und das kann Angst machen. Mit dem Vertrauten kennen wir uns aus, aber Neues wirkt bedrohlich, weil wir nicht einschätzen können, welche Gefahren und Unannehmlichkeiten damit verbunden sind. Also meiden wir das Risiko und spielen dennoch mit hohem Einsatz: Wir träumen nur, aber wir leben nicht.

Über den eigenen Schatten springen

Solange wir uns die wahren Wünsche nicht erfüllen, können wir auch den Alltag nicht mit vollem Herzen genießen. Denn es ist sehr anstrengend, die eigenen Bedürfnisse ständig zu unterdrücken. Wenn wir bei Chancen, die sich uns bieten, nicht zugreifen, sondern zurückschrecken,

raubt uns das wertvolle Kraft und Lebenslust. Diese Energie fehlt uns bei all den anderen Dingen, die wir tun oder tun müssen. So sind wir weder bei dem, was wir tun, mit ganzem Herzen dabei, noch erleben wir die große Freude, die mit erfüllten Wünschen einhergeht.
Wir haben aber ein Recht auf unsere Wünsche, und unsere Wünsche haben ein Recht darauf, erfüllt zu werden. Auch wenn jedem von uns natürliche Grenzen gesetzt sind, muss uns das noch lange nicht daran hindern, über unseren Schatten zu springen.

Ein Universum an Möglichkeiten

Stellen Sie sich vor, Sie hätten ganz überraschend und seit Langem mal wieder einen freien Tag unter der Woche, ohne Termine oder Verpflichtungen. Sie müssen nur entscheiden, was Sie mit diesem wunderbaren Tag anfangen. Was könnten Sie nicht alles tun! Ausschlafen und ausgiebig frühstücken, Freunde treffen, Sport treiben, in ein Museum gehen, die Eltern besuchen, einen Ausflug machen …
Im Geiste gehen Sie diese Liste durch und checken die jeweiligen Folgen. Wie gewohnt, prüfen Sie alle Varianten und kalkulieren auch die Risiken. Sie könnten zum Beispiel Sport treiben; aber welchen denn und mit wem? Wie wäre es mit Inlineskaten? Das wollten Sie doch schon lange einmal ausprobieren. Sie haben keine Rollschuhe? Die könnten Sie sich ausleihen. Aber das Verletzungsrisiko ist doch so hoch! Gerade kürzlich haben Sie in der Zeitung gelesen, was dabei alles passieren kann. Am Ende brechen Sie sich noch den Arm. Und überhaupt: Der Himmel ist so grau, vermutlich fängt es bald an zu regnen …
So drehen Sie sich im Kreis, statt aktiv zu werden. Und bis Sie alle Möglichkeiten gründlich durchdacht haben, ist der freie Tag schon wieder vorbei. Vor lauter Abwägen sind Sie zu keiner Entscheidung gekommen.

Die Zwischentöne beachten

Wenn Sie vor jeder Entscheidung alle möglichen Optionen und Risiken bedenken und abwägen, begeben Sie sich in eine »Warteschleife«, die Sie daran hindert, sich zu entscheiden und aktiv zu werden. Aber wie kommt es, dass wir uns in dem Wust aus Für und Wider verheddern? Die Antwort ist verblüffend einfach: Weil wir zwischen zwei Extremen hin und her schwanken. Wer nur Schwarz und Weiß betrachtet, verliert den Blick für die Zwischentöne.

Soll ich meinen Bürojob, der mich so frustriert, aufgeben, um mich endlich ganz dem Organisieren von Events und Hochzeiten zu widmen, wovon ich schon solange träume, oder nicht? Ein drastisches Beispiel, aber dafür umso deutlicher. Was wären die Konsequenzen der Kündigung? Sie wären erst einmal arbeitslos und hätten weniger Geld. Ob der Partyservice Erfolg hat, steht in den Sternen. Jeder vernünftige Mensch würde Ihnen von diesem Schritt abraten. Aber zum Glück geht es gar nicht um entweder – oder.
Wie könnten denn die Zwischentöne aussehen? Zum Beispiel könnten Sie parallel zu Ihrem Job den Partyservice aufbauen. Wer oder was sollte Sie daran hindern, zwei Dinge auf einmal zu tun? Das würde zwar Mehrarbeit an den Abenden und an den Wochenenden bedeuten, aber so müssten Sie vorerst weder auf das geregelte Einkommen noch auf Ihren Wunsch verzichten. Auf diese Weise könnten Sie sich ausprobieren und zum wahren Kern Ihres Wunsches vordringen.

Zum Kern der Wünsche gelangen

Wenn Sie den Partyservice zunächst neben Ihrem normalen Job aufbauen, könnten vier Szenarien entstehen.

Szenario 1: Sie gehen mit Feuereifer an den Partyservice und bekommen viele Aufträge. Das ermutigt Sie, den Bürojob aufzugeben und sich mit ganzem Herzen dem neuen Beruf zu widmen.

Szenario 2: Sie bauen den Partyservice auf und kommen damit gut voran. Nach einiger Zeit stellen Sie fest, dass es Ihnen für Ihr Glück völlig ausreicht, wenn Sie sich nur abends und an Wochenenden damit beschäftigen. Ihre neue Zufriedenheit wirkt sich auch positiv auf Ihren Bürojob aus. Denn das Gefühl, sich etwas versagen zu müssen, ist ja verschwunden.

Szenario 3: Ihr Partyservice hat keinen Erfolg. Aufträge und Kunden bleiben aus oder die Einnahmen stehen in keinem Verhältnis zu Ihrem Einsatz. Dann können Sie die Idee mit gutem Gewissen aufgeben. Sie haben es wenigstens ausprobiert und sind um eine Erfahrung reicher.

Szenario 4: Der Partyservice entwickelt sich zwar gut, aber Sie stellen fest, dass Ihnen das Organisieren fremder Hochzeiten auf Dauer gar keinen so großen Spaß bereitet, wie Sie immer angenommen hatten. Sie erkennen, dass Sie die ganze Zeit einem Phantomwunsch nachgejagt sind. Nun haben Sie die Chance, sich neuen Dingen zuzuwenden.

TEST: Gegenwarts-Check

Wie zufrieden Sind Sie?

Fühlen Sie sich wohl in Ihrem Leben oder gibt es tief in Ihnen ein Gefühl von Unbehagen beim Gedanken an Ihre aktuelle Lebenssituation? Falsche Hoffnungen, überzogene Erwartungen – es gibt viele Gründe, die Unzufriedenheit auslösen können, und noch mehr Gründe, warum wir nichts an der Situation ändern. Darüber hinaus gibt es unterschiedliche Methoden, mit den Gefühlen von Unzufriedenheit umzugehen. Machen Sie also eine Bestandsaufnahme und testen Sie, wie zufrieden Sie in Ihrer momentanen Lebenssituation sind. Bitte möglichst spontan antworten.

1. Wenn Sie am Morgen aufwachen: Welcher dieser Gedanken könnte Ihnen dann durch den Kopf gehen?

a| Ich freue mich auf alles, was ich heute wieder erleben darf.
b| Ich habe viel vor oder zu erledigen, aber ich werde es schaffen.
c| Das Leben ist zu kurz, um auch nur eine Minute zu verpassen.
d| Manchmal möchte ich am liebsten im Bett bleiben und den Tag verschlafen.

2. Was kann bei Ihnen am ehesten einen guten Tag ausmachen?

a| Freude, weil ich etwas ganz Neues entdeckt habe.
b| Zufriedenheit, weil ich alles erledigen konnte.
c| Überraschungen, die mich in Atem halten.
d| Sicherheit, weil alles normal und ruhig gelaufen ist.

3. Wie oft misten Sie Ihre Wohnung aus?

a| Wenn mir zu Hause alles über den Kopf wächst.
b| Mindestens zweimal pro Jahr mache ich das gründlich.
c| Spontan, nur wenn mir der Sinn danach steht.
d| Eher selten, weil ich mich nur schwer trennen kann.

4. Wenn Sie in eine Ihnen völlig fremde Situation geraten, wie empfinden Sie diese dann am ehesten?

a| Als Möglichkeit.
b| Als Herausforderung.
c| Als Abenteuer.
d| Als Risiko.

5. Wie gehen Sie an ein Problem heran?

a| Ich verlasse mich auf meine Intuition und mache etwas Ungewöhnliches.

b| Ich recherchiere gründlich, sammle möglichst viele Fakten und warte ab.
c| Ich suche einen bequemen Weg, um dem Problem aus dem Weg zu gehen.
d| Ich schrecke manchmal vor einem Problem zurück, weil ich keinen Fehler machen möchte.

6. Auf Ihre Frage »Wie geht's?« bekommen Sie die Antwort: »Man lebt.« Wie reagieren Sie?

a| Ich mache eine aufmunternde Bemerkung.
b| Ich frage nach, wie das genau zu verstehen ist.
c| Ich überhöre das grundsätzlich.
d| Ich stimme zu, denn das sage ich auch immer.

7. Was tun Sie am liebsten in Ihrer Freizeit?

a| Ich tue nur, was mir Spaß macht.
b| Ich tue das, was im Alltag zu kurz kommt.
c| Ich suche die Abwechslung und den Kick.
d| Ich verbringe die Zeit am liebsten mit meiner Familie und Freunden.

8. Wenn Sie an die Zukunft denken: Welche Gedanken kommen Ihnen dann am ehesten?

a| Ich denke später an morgen.
b| Hoffentlich bleibt alles so, wie es ist.
c| Hoffentlich bleibt nichts, wie es ist.
d| Wie soll das alles nur mal werden?

9. An welchen Ort verreisen Sie am liebsten ?

a| An einen Ort, den ich noch nicht kenne.
b| An einen Ort, den man gesehen haben muss.
c| An einen Ort, wo ich viele Freunde habe.
d| An den Ort, wo ich einmal sehr glücklich gewesen bin.

10. Welche Aussage sagt Ihnen am meisten zu?

a| Die größten Abenteuer passieren im Kopf.
b| Was du heute kannst besorgen, das verschiebe nicht auf morgen.
c| Vor lauter Bäumen den Wald nicht mehr sehen.
d| Wer sich in Gefahr begibt, kommt darin um.

Auswertung

Notieren Sie hier, wie oft Sie welchen Buchstaben angekreuzt haben.

a = ... mal c = ... mal
b = ... mal d = ... mal

Der Buchstabe, den Sie am häufigsten angekreuzt haben, beschreibt, wie es derzeit um Ihre Zufriedenheit steht. Da diese nicht statisch ist, zeigt das Ergebnis nur eine Beschreibung Ihres aktuellen Zustands. Haben Sie mehrere Buchstaben gleich oft gewählt, lesen Sie alle entsprechenden Beschreibungen.

Überwiegend a: Ihr Leben ist so, wie Sie es sich einrichten

Auf die Frage »Sind Sie zufrieden?« können Sie in der Regel mit einem klaren »Ja« antworten. Denn was nicht zu Ihrer Zufriedenheit läuft, das ändern Sie schnell, zügig, kompromisslos. Sie erkennen, wenn eine Situation oder eine Beziehung mehr Unzufriedenheit als Glück bringt, und können dann sofort einen Schlussstrich ziehen. **Sie wissen aus Erfahrung, dass immer etwas Neues nachkommt, wenn Sie etwas hinter sich lassen.** Das Leben geht ja immer weiter. Sie warten nicht, dass Ihnen die Chancen offeriert werden, sondern werden selbst aktiv und gehen auch mal ein Risiko ein.

Aber nicht immer ist Ihnen ganz klar, woraus Ihre gelegentliche Unzufriedenheit entspringt. Deswegen kann aus der schnellen Reaktion schnell mal ein Davonlaufen werden. Denn manchmal fehlt Ihnen das Durchhaltevermögen, um auch schwierige Zeiten, Beziehungen oder Aufgaben erfolgreich zu meistern und abzuschließen, oder in Beziehungen langweilige Phasen zu überstehen, ohne gleich aufzugeben oder sich sofort neu zu orientieren.

Halten Sie deshalb ab und zu inne, bevor Sie sich etwas Neuem zuwenden, und hören Sie zuerst in sich hinein. Woraus resultiert eigentlich die Unzufriedenheit? Es kann eine tiefe Befriedigung mit sich bringen, etwas gegen die eigenen Widerstände durchgehalten zu haben.

Überwiegend b: Sie suchen stets nach der besten Lösung

Sie kennen gute und schlechte Zeiten und Sie wissen, dass beides zu einem Leben dazugehört. Sie genießen die Phasen der Zufriedenheit, und wenn es mal nicht so läuft, lässt Sie das nicht gleich verzweifeln. **Überstürzte Trennungen, schnelle Entscheidungen und radikale Änderungen – das sind Sie nicht.** Wenn Sie erkennen, dass eine Situation oder eine Beziehung mehr Unzufriedenheit als Glück bringt, dann warten Sie erst einmal ab, ob das Problem sich nicht von alleine löst. Sie haben auch die Kraft, schwierige Phasen, Beziehungen oder Konflikte durchzustehen, um sie zu einem guten Ende zu bringen. Ein Leben gleich auf den Kopf stellen, nur weil es mal unangenehm wird, kommt für Sie nicht infrage.

Sie lassen sich mit jedem Abschied Zeit, manchmal halten Sie jedoch zu lange an Menschen, Situationen, Gedanken und Verhaltensweisen fest, obwohl diese zu Ihrer Unzufriedenheit beitragen. So wägen Sie gelegentlich zu lange ab, bevor Sie sich von etwas verabschieden, auch weil Sie das Risiko scheuen. Aber bei all dem Zögern oder Abwarten laufen Sie Gefahr, sich manchmal zu spät zu entscheiden oder den richtigen Zeitpunkt zum Loslassen zu verpassen. **Nicht zu lange am Bewährten hängen zu bleiben und neue Chancen zu ergreifen, kann ein Segen sein und fördert die Entwicklung.** Trauen Sie sich, auch einmal etwas Unbekanntes zu wagen. Sie werden überrascht sein, wie sehr Sie das beflügelt und neuen Schwung in Ihr Leben bringt.

Überwiegend c: Sie machen um die Unzufriedenheit einen großen Bogen

Lange Phasen der Unzufriedenheit sind Ihnen fremd. Sie vergeuden damit nicht Ihre kostbare Lebenszeit. **Wenn Sie etwas unzufrieden macht, wenden Sie sich davon ab und suchen nach neuen Quellen des Glücks.** Als spontaner Mensch sind Sie ständig auf der Suche und halten sich nicht auf mit schwierigen Menschen oder unangenehmen Situationen. Sie sind immer offen für neue Reize, können sich gut auf Veränderungen einstellen. Langeweile oder Frust hat in Ihrem Leben keinen Platz.

Aber neben der bisweilen etwas oberflächlichen Zufriedenheit, die auf Zerstreuung basiert, gibt es eine tiefere Ebene, die Sie entdecken sollten. Wenn Sie vor dem, was Sie vielleicht unzufrieden macht, nicht gleich davonlaufen, sondern nach den Gründen forschen, können Sie neue Seiten an sich selbst entdecken Machen Sie sich zuerst klar, warum Sie eine Situation, eine Beziehung oder Aufgabe unzufrieden macht.

Wenn Sie die Ursache kennen, versuchen Sie diese zu beheben, statt gleich auf Trennung zu setzen. **Erst wenn Sie Ihre eigenen Beweggründe verstehen, können Sie entscheiden, was Sie wirklich aufgeben möchten und was nicht.** Bei Schnellschüssen kann es nämlich auch zu vorschnellen, unklugen Entscheidungen kommen, die Sie später bereuen.

Überwiegend d: Stabile Lebensumstände machen Sie zufrieden

Stabile Beziehungen, sichere Lebensumstände, überschaubare Zeiten – all das bedeutet für Sie Zufriedenheit. Sie suchen weder Zerstreuung noch das schnelle Glück. Verbindlichkeit und Beständigkeit ist das, worauf Sie setzen. Phasen, Beziehungen oder Situationen, die Sie unzufrieden machen, gehen Sie nicht einfach aus dem Weg. Was Sie angefangen haben, das wollen Sie auch zu Ende bringen.

Dabei halten Sie lieber an etwas Gewohntem fest, einfach nur, weil Sie es gut kennen. Der Wunsch nach Geborgenheit und Sicherheit kann aber manchmal so übermächtig sein, dass Sie etwas nicht loslassen können, obwohl es Ihnen gar nicht mehr gut tut. Denn alle Veränderungen machen Ihnen Angst. Sie haben Angst vor Trennung und Verlust, aber auch vor Verantwortung, denn Sie haben Angst davor, zu versagen. So scheuen Sie sich vor Entscheidungen, denn Sie wissen ja nicht, was danach auf Sie zukommt.

Wer nichts tut, der kann auch nichts falsch machen, sagen Sie sich oft. Aber je länger Sie an etwas Überholtem festhalten, umso weniger Möglichkeiten haben Sie, etwas Neues zu erleben. **Bewusst herbeigeführte Veränderungen führen in der Regel zu etwas Gutem.** Lernen Sie loszulassen, wagen Sie das Ungewohnte. Machen Sie die Erfahrung, dass nach einer Trennung etwas Neues und Besseres auf Sie wartet, von dem Sie noch nicht einmal ahnen, dass es das gibt. Nur Mut!

Was uns in der Warteschleife hält

Niemand wird mit Angst vor dem Leben geboren und entscheidet sich aus freien Stücken für ein Leben auf Sparflamme. Wenn Sie so leben, gibt es dafür einen triftigen Grund, der lange zurückliegt. Finden Sie heraus, was Ihnen einst einen so großen Schrecken eingejagt hat, dass Sie seitdem lieber auf Nummer sicher gehen. Wer die Ursachen für sein Zögern erkennt, kann das Schreckgespenst verjagen, sich ein Herz fassen und aus der Warteschleife ausbrechen.

Mögliche Ursachen für das Zögern

Im Folgenden sind ein paar typische Ursachen aufgeführt, die uns in der Warteschleife festhalten. Lesen Sie die Abschnitte aufmerksam durch und beantworten Sie die Fragen. Manche Punkte mögen auf Sie absolut nicht zutreffen, manche ein wenig, bei anderen werden Sie sich vielleicht sofort wiedererkennen. Freuen Sie sich darauf, ein wenig mehr über sich zu erfahren.

Gewohnheit

Wir haben uns an einen Zustand oder eine Sache so gewöhnt, dass wir gar nicht mehr merken, was falsch läuft. Zum Beispiel könnte ein Paar das Interesse aneinander verloren haben. Die beiden sind schon solange zusammen, dass ihnen ihre Gleichgültigkeit gar nicht mehr auffällt. Unterschwellig spüren sie jedoch eine diffuse Unzufriedenheit, die sich zum Beispiel in Wutausbrüchen Luft macht. Anstatt die bestehende Beziehung als unveränderlich zu betrachten, wäre es sinnvoll, dem wahren Grund des eigenen Unmuts auf die Spur zu kommen. Dann könnte die Partnerschaft vielleicht neuen Schwung erfahren und eine neue Stufe erklimmen. Vielleicht würden aber auch beide einsehen, dass die gemeinsame Zeit vorüber ist, und könnten dann neue Wege einschlagen.
Halten Sie kurz inne und hinterfragen Sie, was Ihnen in Ihrem Leben völlig selbstverständlich geworden ist. In welchen dieser gewohnten Situationen platzt Ihnen manchmal aus unerfindlichem Grund der Kragen? Wann reagieren Sie objektiv gesehen unangemessen?

Was ist in Ihrem Leben zur Gewohnheit geworden?

Sicherheitsdenken

Wenn eine Entscheidung uns auf unbekanntes Terrain führen würde, wählen wir lieber die Alternative, die uns vertraut ist. Wir bleiben auf gewohntem Boden, denn da kann uns ja nichts passieren, denken wir. Viele Menschen fahren Jahr für Jahr an den gleichen Urlaubsort, buchen immer das gleiche Hotel, wenn möglich sogar das gleiche Zimmer, nach dem Motto »da weiß man, was man hat«. Aber mit solchen Strategien verpassen wir nicht nur neue Erfahrungen und neue Möglichkeiten, wir geben dem Abenteuer Leben auch keine Chance.

In welchen Situationen oder Entscheidungen neigen Sie dazu, alles wie immer zu machen?

Schuldgefühle

Die Verwirklichung eines Wunsches könnte einen lieben Menschen verletzen, eine bestimmte Entscheidung kann mit Folgen verbunden sein, die sich »nicht gehören«. In solchen Fällen schrecken wir meist vor der Umsetzung zurück. Vielleicht träumen Sie schon lange von einem Urlaub allein, ohne Partner und Familie. Aber Sie haben Angst, dass der Partner sich zurückgewiesen fühlt – und was würden Freunde und Bekannte dazu sagen? Wie wäre es aber, sich den Wunsch einzugestehen und mit dem Partner darüber zu reden? Vielleicht fände sich ja ein Weg, der beide zufrieden macht. Möglicherweise hat Ihr Partner ebenfalls das Bedürfnis, einmal alleine oder mit seinen Freunden wegzufahren, und Sie können sich gegenseitig den Wunsch erfüllen. Sicher ist: Solange der Wunsch unausgesprochen bleibt, wachsen nur die Unzufriedenheit und die Wut auf die anderen, die einen scheinbar aufhalten.

Bei welchen Wünschen meldet sich Ihr schlechtes Gewissen? Überlegen Sie, welche vermuteten Reaktionen Sie daran hindern, Ihren Wunsch auszusprechen. Erkennen Sie, welche negativen Gefühle dadurch in Ihnen entstanden sind?

Schreiben Sie einen unerlaubten Wunsch auf und warum Sie sich das nicht wünschen dürfen:

Tradition

Es war schon immer so, daran darf oder soll sich nichts ändern, deshalb bleibt es, wie es ist. Das Verharren in althergebrachten Situationen, Denk- und Verhaltensmustern zeigt die Warteschleife am deutlichsten: Wir drehen uns nur im Kreis. Das alljährliche Weihnachtsfest im Kreise der Familie steht bevor, doch eigentlich würden Sie lieber mit Ihrem Partner dem Winter entfliehen und einen Karibikurlaub antreten. Der Druck der Eltern oder Großeltern ist riesengroß und Sie scheuen die Konfrontation. Aber warum sich den Ansprüchen der anderen beugen? Welche Situationen, Gedanken oder Handlungen in Ihrem Leben resultieren nur aus der Idee »weil es immer so war«?

Schreiben Sie einmal auf, aus welchen Traditionen Sie ausbrechen würden, wenn Sie frei entscheiden könnten, und warum:

Geiz

Das kostet zu viel! Dies ist ein typisches Argument, wenn es darum geht, die Warteschleife zu entschuldigen. Der Geiz beschränkt sich nicht nur aufs Geld. Auch Zeit, Energie und Einsatz erscheinen manchmal zu hoch. Der Partyservice erscheint zwar reizvoll, aber das fordert Mehrarbeit neben dem Bürojob, kostet Freizeit und natürlich auch Geld für erste Investitionen. Schnell sind Gründe gefunden, die gegen ein zusätzliches

Engagement sprechen. Und so bleibt der Traum vom eigenen Eventbüro nur Gerede …

Wenn aber bei einem Traum nur Gegenargumente auf den Tisch kommen, dann stellt sich die Frage, ob der Wunsch wirklich bedeutsam ist. Was spräche denn bei all den Gegenargumenten noch dafür?

Bei welchen Wünschen haben Sie ganz schnell viele Gegenargumente parat? Listen Sie diese Wünsche hier auf und versuchen Sie für jeden ein paar Argumente zu finden, die dafür sprechen könnten. Falls Ihnen nichts Positives dazu einfällt, sollten Sie den Wunsch streichen.

Unentschlossenheit

Das riesige Angebot in vielen Lebensbereichen zeigt unseren Wohlstand, trägt aber auch zur Verwirrung bei. Wenn Sie zwischen sechzig Sorten Wein, vierzig Sorten Hautcreme oder zwanzig Handymodellen auswählen können, bedeutet das nicht nur Freiheit, sondern auch die Qual der Wahl. Die Frage, was das Richtige für uns ist, lässt sich nicht immer so leicht beantworten. Zudem müssen wir mit jeder Entscheidung zwangsläufig auf alle anderen Alternativen verzichten. Beim Wein mag das nicht so tragisch sein. Wenn er nicht schmeckt, greifen wir beim nächsten Mal einfach zu einer anderen Sorte. Doch haben wir endlich das neue Handy gekauft, dann entdecken wir wenig später garantiert ein noch günstigeres oder besseres Angebot. Und da uns Verluste mehr schmerzen, als Gewinne uns erfreuen, ist die Enttäuschung unausweichlich. Nur wer überzeugt genug ist, um die eigenen Entscheidungen nicht in Zweifel zu ziehen, wird langfristig zufrieden und glücklich sein.

Welche Entscheidungen haben Sie auf später verschoben, weil zu viele Möglichkeiten Sie verwirren? Bei welchem dieser Wünsche überlassen Sie die Entscheidung einfach »dem Schicksal«, einem anderen Menschen oder dem Zufall und warum?

Erfahrung

Wir unterschätzen leicht, wie stark uns schlechte Erfahrungen in der Kindheit prägen. Wenn die Eltern von Angst regiert wurden, ist dies auch ein normaler Bestandteil unseres eigenen Lebens geworden. Wenn die Entscheidungen der Eltern für uns undurchschaubar waren und oft zu beängstigenden Situationen führten, werden wir auch bei eigenen Entscheidungen mit dem Schlechtesten rechnen. Wenn unsere Kindheit von Unwägbarkeiten geprägt war, fehlt uns später das Urvertrauen.

Mit welchen Angst-Erfahrungen wurden Sie in Ihrer Kindheit konfrontiert und welche Gefühle haben Sie daraus mitgenommen?

Angst

Angst ist die häufigste Ursache, die Menschen in der Warteschleife festhält. Eigentlich möchten Sie malen und all die Bilder, die in Ihrem Kopf schon fertig sind, auf die Leinwand bringen. Stattdessen arbeiten Sie in der Galerie und stellen die Werke anderer Künstler aus. Denn die Angst, als Maler zu scheitern, ist viel zu groß. Ängste wie diese lähmen, machen mutlos, blockieren die Kreativität und lassen keine Veränderungen zu. Und Ängste wirken ansteckend. Denn wer oft genug mit schlechten Nachrichten und Prognosen bombardiert wird, glaubt irgendwann daran. Wenn der Beruf keine Freude mehr macht, dann unternehmen wir trotzdem nichts, in Zeiten wie diesen …

Schauen Sie in Ihr Herz und schreiben Sie auf, vor welchen Entscheidungen, die Sie lange mit sich herumtragen, Sie die größte Angst haben und warum.

Vertrauen Sie auf sich und das Leben

Werden Sie jetzt aktiv, wagen Sie den ersten Schritt – dann werden Sie bald Veränderungen erleben, die weitere nach sich ziehen. So, als ob Sie einen Stein ins Wasser werfen, der eine kleine Welle auslöst, die immer weitere Wellen nach sich zieht. Jede noch so kleine Veränderung löst weitere aus. Sie werden Glück und Zufriedenheit empfinden, weil Sie endlich Ihre passive Haltung aufgegeben und die Warteschleife verlassen haben. Mit jeder Veränderung gewinnen Sie neue Eindrücke, neue Erfahrungen und neue Fähigkeiten.

Sie brauchen nur ein wenig Mut!

Wenn Sie sich auf einen neuen Weg begeben, müssen Sie sich diesen erst einmal bahnen. Die gewohnte Umgebung und das gewohnte Leben zu verlassen, bedeutet auch das gewohnte Denken infrage zu stellen. Aber das öffnet die Tür in neue Sphären: Sie werden unbekannte Seiten an sich entdecken, neue Fähigkeiten, Stärken und Schwächen. Damit springen Sie hinein ins Abenteuer Leben. Unzufriedenheit hat hier keinen Platz mehr.

Mut-Strategie Nr.1: Beschäftigen Sie sich mit Ihrer Biografie

An welche Ereignisse in Ihrer ganz frühen Kindheit können Sie sich noch erinnern? Waren es gute oder schlechte Erfahrungen? Auch wenn Sie denken, das liegt doch ewig zurück, haben diese Erfahrungen Spuren in Ihrer Seele hinterlassen, wie ein Kratzer auf einer Schallplatte. Wir sind das Produkt unserer Erziehung. Sie prägt uns, wirkt sich auf unser ureigenstes Wesen aus. Nun sind Sie erwachsen und können eigene Entscheidungen treffen. So können Sie beschließen, dass Sie herausfinden wollen, welche alten Warnungen und Ängste in Ihnen herumgeistern. Und Sie können beschließen, deren Eigenleben bewusst zu beenden.

Welche Ängste hatten Sie als Kind?

Finden Sie heraus, welche Ereignisse von früher Ihr heutiges Verhalten beeinflussen. Gehen Sie zurück, erinnern Sie sich. Nehmen Sie sich die alten Fotoalben vor und graben Sie mithilfe der Bilder Ihre Erinnerungen aus. Sprechen Sie mit Ihren Eltern und Großeltern über Ihre Kindheit. Stellen Sie ihnen gezielt Fragen darüber, was Ihnen früher Angst gemacht hat, was Sie durften, was Ihnen verboten war. Fragen Sie nach, welche Ängste Ihre Eltern hatten. Erzählen Sie einem nahe stehenden Menschen Geschichten aus Ihrer Kindheit. Wenn Sie Geschwister haben, sprechen Sie mit diesen über Ihre Kindheitserinnerungen.
All das wird Ihnen dabei helfen, die Schreckgespenster aufzuscheuchen und zu erkennen. Dann können Sie sich ihnen stellen und sie vertreiben.

Finden Sie Ihre eigenen Warner

Stellen Sie fest, welche Erwachsene (Eltern, Großeltern, Bekannte, Lehrer etc.) Ihnen welche Warnungen ans Herz gelegt haben. Vielleicht klingt es Ihnen manchmal noch in den Ohren: »Das schaffst du nicht!«, »Nein, lass lieber die Finger davon!«, »Dazu bist du zu ungeschickt/dumm/unmusikalisch etc.« Diese negativen Programmierungen blockieren Ihr Selbstvertrauen. Deswegen müssen Sie diese warnenden Stimmen entlarven!
Welche Ängste und Warnungen tauchen immer dann auf, wenn Sie einen Wunsch haben oder vor einer Entscheidung stehen? Wie genau lauten die Warnungen und wovor fürchten Sie sich dabei? Am besten können Sie das feststellen, wenn Sie einen Wunsch äußern, den Sie sich gleich wieder verbieten. Wer oder welche Stimme meldet den Widerstand an? Das sind mit Sicherheit nicht Sie!

Mut-Strategie Nr.2: Formulieren Sie die Warnungen um

Wenn Sie nun einige dieser Warnungen und Ängste kennen, dann fragen Sie sich, wie die positive Variante davon klingen würde. Wenn Ihnen beispielsweise eine innere Stimme immer wieder zuflüstert: »Du wirst scheitern«, dann könnten Sie dem entgegensetzen: »Du hast das schon einmal geschafft, du kannst das wieder.« Oder: »Probier es zuerst einmal aus, dann weißt du mehr.«

Merken Sie sich diese Sätze. Formulieren Sie eigene Sätze, die auf Ihre Situation passen. Wandeln Sie die Warnungen, die Sie von früher kennen, in positive Aufforderungen um. So können Sie immer, wenn ein Warner sich meldet, die Warnung entschärfen. Das wird dem Widerstand allmählich die Kraft nehmen.
Machen Sie so aus den bremsenden Gedanken Motivationen, die Sie beflügeln. Beim Umwandeln der Warnungen ins Positive tun Sie sich vermutlich schwerer als beim Auflisten der Warnungen. Aber das zeigt nur, wie tief diese Programmierungen sitzen, welche Macht sie über uns haben und wie sehr sie unser Unterbewusstsein im Griff haben.

Mut-Strategie Nr.3: Setzen Sie sich ein klares Ziel

Damit Entscheidungen zum Erfolg führen und damit verbundene Veränderungen ihren Schrecken verlieren, helfen Ziele, die man sich setzt. Je konkreter ein Ziel beschrieben werden kann, umso einfach lassen sich auch die Schritte erkennen, die ans Ziel führen. Wer klare Ziele vor Augen hat, kann sich besser orientieren, denn Ziele weisen den Weg.

Ziele mobilisieren das Unterbewusstsein

Der Bergsteiger William Murray hat einmal gesagt: »Sobald man sich eindeutig entscheidet, bewegt sich auch das Schicksal. Alle möglichen Dinge, die sonst nie eingetreten wären, kommen einem zu Hilfe. Der Entscheidung folgt eine Kette von Ereignissen und es ergeben sich unerwartete Zufälle, Geschehnisse und Unterstützung aller Art, die sich vorher niemand erträumt hätte.« Das gilt für jedes Vorhaben, wie groß oder klein es auch sein mag: Vertrauen Sie auf sich und Ihr Schicksal.
Wenn Sie wissen, was Sie wollen, und wenn Sie es ernst damit meinen, dann werden Sie mit jeder Faser Ihres Körpers darauf hinarbeiten. Und das geschieht meist eher unbewusst. Wenn Sie sich mit einer bestimmten Idee zur Veränderung beschäftigen, werden Sie auf Menschen und Situationen treffen, die genau zu Ihrem Thema passen. Wie ein Magnet ziehen Sie dann Gleichgesinnte an. Auf dem Weg zum Ziel passieren oftmals seltsame Zufälle, die uns auf unserem Weg unterstützen und leiten. Aber sind das wirklich Zufälle? Nein. Denn tatsächlich haben Sie sich den neuen Möglichkeiten geöffnet, sodass Sie auch Ihr Unterbewusstsein im richtigen Moment mit einem »Zufall« unterstützt.

Mut-Strategie Nr.4:
Haben Sie keine Angst, Fehler zu machen!

Perfektionismus, Angst vor Fehlern und verbissener Ehrgeiz führen automatisch in eine Sackgasse. Fehler zugeben, Verantwortung übernehmen, Schwäche und Unsicherheit zeigen, Gefühle zeigen und offen über Ängste reden – all das öffnet die Tür, die aus der Sackgasse führt. »Ich bin nicht perfekt, na und!« Die anderen sind es ja auch nicht. Wer auf mögliche Fehler fixiert ist, wird kein Risiko eingehen und jeder Veränderung aus dem Weg gehen. Denn im Unbekannten schlummern ja Fehler. Aber ohne Fehlertoleranz ist Veränderung nicht machbar, ohne den Mut zum Fehlschlag kommt nichts Neues in die Welt und ohne Risikobereitschaft gibt es auch keine Chancen.

Mut-Strategie Nr.5:
Erfüllen Sie sich einen klitzekleinen Wunsch

Formulieren Sie hier einen winzigen Wunsch, der einfach zu erfüllen sein sollte, den Sie sich jedoch aus unerfindlichen Gründen bislang nicht erfüllt haben. Das kann alles sein – ein neues Outfit, eine neue Frisur, eine bestimmte CD oder ein schöner Abend in einem sehr guten Lokal etc.

Mein kleiner Wunsch:

Erfüllen Sie sich diesen kleinen Wunsch innerhalb einer Woche. Das sollte Ihnen nicht schwer fallen, weil der Wunsch ja sehr klein ist. Machen Sie es sich zur Gewohnheit, sich am Anfang jeder Woche einen kleinen Wunsch einzugestehen und sich diesen innerhalb der Woche zu erfüllen. Übung macht den Meister! Das ist die Vorbereitung für die Realisierung der richtig großen Wünsche.

Mut-Strategie Nr.6:
Träumen Sie einen ganz verrückten Wunsch

Schreiben Sie hier einen Wunsch auf, den Sie schon sehr lange haben, der Ihnen aber völlig absurd erscheint. Sie wissen genau, dass Sie ihn sich niemals erfüllen werden. Ein solcher gigantisch großer Wunsch könnte sein: ein völlig anderer Job, auswandern, den Traumpartner finden, eine Weltreise etc. Je verrückter Ihnen dieser Wunsch erscheint, umso besser.

Mein ganz großer Wunsch:

____

Welche Ratschläge geben Sie?

Stellen Sie sich nun vor, dass nicht Sie diesen großen Wunsch hegen, sondern ein Freund oder Bekannter Ihnen erzählt, was er sich wünscht. Und überraschenderweise hat er den gleichen verrückten Wunsch wie Sie. Dieser Freund bittet Sie nun um Tipps, wie er sich diesen Herzenswunsch erfüllen könnte. Was würden Sie ihm raten? Überlegen Sie und schreiben Sie hier fünf praktische Ratschläge auf. Wenn der Wunsch lautet, endlich einen Partner zu finden, dann könnte zur Realisierung beitragen: mehr ausgehen, in ein Sportstudio gehen, Volkshochschulkurse belegen, eine Annonce schalten etc.

1 ______________________________________
2 ______________________________________
3 ______________________________________
4 ______________________________________
5 ______________________________________

Wie Sie anhand Ihrer kleinen Liste feststellen können, ist kein Wunder notwendig, um einen Wunsch wahr werden zu lassen. Man braucht nur ein Ziel und viele kleine Schritte, die den Weg dorthin in überschaubare Abschnitte zerlegen.

Welche Warnungen haben Sie parat?

Nun notieren Sie fünf Gründe, die gegen die Verwirklichung des Wunsches sprechen könnten. Welche Warnungen haben Sie für Ihren Freund bzw. für sich selbst? Zu welchen Vorsichtsmaßnahmen würden Sie raten? Dies könnten sein: Schlechte Erfahrungen haben einen misstrauisch gemacht; aufpassen, dass man nicht ausgenutzt wird; nicht sofort mit jemandem ins Bett gehen; die eigenen Ansprüche sind unrealistisch; man findet sich selbst hässlich bzw. nicht liebenswert etc.

1 ______________________________
2 ______________________________
3 ______________________________
4 ______________________________
5 ______________________________

Wer könnte vielleicht helfen?

Als Nächstes überlegen Sie, welche drei Menschen bei der Wunscherfüllung behilflich sein könnten.

Gibt es jemanden, der als Vorbild oder Unterstützer dienen könnte, damit der Wunsch wahr werden kann?

1 ______________________________
2 ______________________________
3 ______________________________

Und wenn es misslingt?

Schreiben Sie nun drei Möglichkeiten auf, was im schlechtesten Falle passieren könnte, wenn Sie versuchen würden, sich den Wunsch zu erfüllen. Zum Beispiel bei der Partnersuche: Ich finde niemanden; ich falle auf den Falschen herein; die neue Beziehung hält nicht lange.

Das schlechteste Ergebnis könnte sein:

1 ______________________________
2 ______________________________
3 ______________________________

Ein Happyend …

Und zuletzt schreiben Sie drei Möglichkeiten auf, was im besten Falle passieren könnte, zum Beispiel: Ich finde einen Partner, der zu mir passt; unsere Beziehung entwickelt sich wunderbar; ich habe eine Familie.

Das beste Ergebnis könnte sein:

1 ______________________________
2 ______________________________
3 ______________________________

Fazit

Sie haben einen völlig verrückt klingenden Herzenswunsch formuliert und sind diesen Schritt für Schritt durchgegangen. Im Verlauf der Übung haben Sie festgestellt, welche Gedanken um einen solchen Wunsch kreisen: was dafür und dagegen spricht, wer einem eventuell zur Seite stehen kann, was das schlechteste und was das beste Ergebnis sein könnte. Aber noch liegt die Erfüllung dieses einen Wunsches scheinbar weit entfernt. Starten Sie daher nun das Wunschprogramm. Wie das funktioniert, können Sie auf den Seiten 18 bis 21 nachlesen.

Mut-Strategie Nr.7: Führen Sie ab jetzt Tagebuch!

Etwas aufschreiben hilft dabei, sich über sich, seine Gefühle, inneren Muster und alltäglichen Erfahrungen klar zu werden. Indem Sie notieren, was Sie tagsüber erlebt haben und was Sie bewegt hat, empfinden Sie es bewusster und können es verarbeiten. Gerade in Zeiten der Veränderung hilft das Tagebuch dabei, die Entwicklung bewusst nachzuvollziehen, Gutes zu verstärken, Falsches zu vermeiden.

Schreiben ist ein kreativer Prozess. Probieren Sie es einfach einmal für sich aus. Stil und Rechtschreibung sind nicht wichtig. Sie müssen auch keine Romane schreiben, Stichpunkte genügen. Sie können Ihre Gedanken auf Papier oder im Computer festhalten, ganz wie Sie wollen. Nehmen Sie sich einfach vor dem Einschlafen ein paar Minuten Zeit, um den Tag Revue passieren zu lassen. Ganz wichtig: Das Tagebuchschreiben soll kein Zwang sein. Wenn Sie nicht sicher sind, wie Sie es anfangen sollen, dann nehmen Sie folgendes Schema zu Hilfe:

- Datum
- Was war heute wichtig?
- Was ist mir heute Gutes widerfahren?
- Welche Entscheidungen habe ich heute getroffen?
- Welchen Wunsch habe ich mir heute erfüllt?
- GO! – Schreiben Sie Ihren großen Wunsch auf und denken Sie mit all den guten Gefühlen daran, dass er sich erfüllt!
- Notieren Sie sich außerdem die kleinen Wünsche, die Ihnen spontan in den Sinn kommen. Das Aufschreiben macht Ihnen deutlich, ob es sich dabei nur um flüchtige und damit vielleicht überflüssige Wünsche handelt oder ob darunter welche sind, die etwas darstellen, was Ihnen fehlt und daher erfüllt werden sollte.

stop!

Raus aus der Opferrolle

go!

und selbst die Regie übernehmen

Harmonie ist ein wunderbarer Zustand, wenn alle daran teilhaben können. Doch wer der Harmonie zuliebe immer nachgibt, kommt auf Dauer zu kurz. Sich selbst zurückzustellen heißt, das eigene Selbstbewusstsein schwächen. Sie sind nicht für alles und jeden verantwortlich, sondern in erster Linie für sich selbst. Nehmen Sie sich und Ihre Wünsche deshalb ernst und stellen Sie sich selbstbewusst in das Rampenlicht Ihres Lebens.

Sagen Sie Nein, wenn Sie Nein meinen

Gerade Frauen neigen dazu, schnell nachzugeben, damit kein Streit entsteht. Diese Harmonie ist jedoch keine echte, da sie auf Kosten eines Einzelnen geht, der seine Wünsche verleugnet. Das Streben nach Harmonie und das Sehnen nach Liebe können bis zur Selbstaufgabe führen. Doch es geht auch anders: Lernen Sie, sich den Konflikten zu stellen und sie zu meistern, statt sie zu meiden. Bleiben Sie sich selbst treu, statt immer klein beizugeben. Das macht nicht nur selbstbewusst und zufrieden, Sie ernten dafür auch Respekt und Anerkennung.

Nachgeben als Muster

Erinnern Sie sich noch an die Neins aus Ihrer Kindheit? »Nein, das darfst du nicht anfassen…« In der Trotzphase konnten wir endlich selbst die Wirkung des Wortes ausprobieren, indem wir uns gegen alles widersetzten, was die Eltern von uns verlangten: »Nein, das mach ich nicht, das will ich nicht …« Für die Eltern ist diese Zeit, in der das Kleinkind seine Identität entdeckt und beginnt seinen eigenen Willen zu entwickeln, sehr schwierig. Sie versuchen mit allen möglichen Tricks, das trotzige Kind zu etwas zu bringen oder von etwas abzuhalten.

Führt Neinsagen zu Liebesentzug?

Dabei spielten Zuneigung und Ablehnung eine große Rolle: »Wenn du dich so verhältst, dann hab ich dich lieb.« Ein Verhalten, das Belohnung und Liebe nach sich zieht, merkten wir uns und wiederholten es. Wir haben gelernt, welche Wirkung es hat, wenn wir nachgeben, und welche Bedeutung es hat, wenn wir Nein sagen. Nicht Nein sagen zu können ist also erlernt. Und so wie wir es gelernt haben, können wir es auch wieder loswerden.

Jeder erlebt Tag für Tag Situationen, in denen ein Nein völlig problemlos über die Lippen kommt. Ebenso passiert es jedem, dass er sich mal nicht traut, klipp und klar Nein zu sagen, wenn es eigentlich angebracht wäre. Kritisch wird es dann, wenn wir nicht mehr in der Lage sind, Nein zu sagen, weil wir damit rechnen, dass dies grundsätzlich negative Folgen für uns hat, wenn die Angst vor Ablehnung und das Bedürfnis nach Harmonie uns leiten: Wenn ich Nein sage, dann werde ich nicht mehr geliebt, verliere ich die Sympathie, sind die anderen von mir enttäuscht, werden andere wütend auf mich, gelte ich als egoistisch, könnte ich meinen Partner, meinen Freund, meinen Job verlieren etc.

Falsche Harmonie statt klarer Widerspruch

Diese angestrebte Harmonie ist nur eine Illusion. Denn Menschen, denen das Neinsagen schwerfällt, ärgern sich im Stillen über sich selbst und die anderen: Die Verkäuferin hat einem das Kleid aufgeschwatzt, weil sie Profit machen möchte. Da man nicht Nein sagen konnte, ist man selbst der Dumme. Und darüber ärgert man sich, kaum, dass man den Laden mit der Einkaufstüte verlassen hat.

Nicht Nein sagen können hat aber auch Vorteile. Wir sehen uns als Opfer – wir wollen schließlich nur das Beste – und ziehen uns selbst aus der Verantwortung. Nicht wir, sondern die anderen sind schuld, wenn das Leben nicht so läuft, wie wir es uns erträumten. Wir sind nicht verantwortlich für das, was passiert. Schließlich war die Verkäuferin so nett, hat beteuert, wie toll einem das Kleid steht und wie günstig es ist. Da konnte man einfach nicht anders … sie ist schuld, dass man zu viel Geld ausgegeben hat.

Übernehmen Sie die Verantwortung

Die scheinbaren Vorteile bergen jedoch ein Problem: Niemand wird in der Opferrolle glücklich. Manchmal ist es uns gar nicht bewusst, dass wir anderen die Regie für unser Leben überlassen. Es sind dann nur diese unangenehmen Gefühle, denen wir nicht aus dem Weg gehen können. Wut und Enttäuschung stauen sich ganz allmählich auf, die Unzufriedenheit über das eigene Leben und der Ärger über den Egoismus der Mitmenschen nehmen zu.

Wenn wir die Verantwortung abgeben und Entscheidungen vor uns herschieben, erreichen wir damit nur eine kleine Verschnaufpause. Denn trotz unserer Weigerung, das Steuer selbst in die Hand zu nehmen, geht unser Leben ja weiter. Hören Sie also auf damit, andere für sich entscheiden zu lassen. Übernehmen Sie die Verantwortung für Ihre Entscheidungen – und trauen Sie sich, auch mal Nein zu sagen. Dies bringt Sie dazu, sich mit Ihren Bedürfnissen auseinanderzusetzen, und stärkt Ihre Persönlichkeit. Sie ernten dann vielleicht nicht immer Harmonie und Liebe, dafür aber mit Sicherheit Anerkennung. Und das wird Ihr Selbstbewusstsein gewaltig stärken.

Endlich eigene Entscheidungen treffen!

Stellen Sie sich einmal vor, Sie nehmen einen Kredit für ein Haus auf. Damit treffen Sie eine Entscheidung für ein Projekt, das weit in die Zukunft reicht. Sie kaufen das Haus und ziehen mit Ihrer Familie dort ein. Alles ist wunderbar, doch nach fünf Jahren fühlen Sie sich an Ihrem Arbeitsplatz so unglücklich, dass Sie am liebsten Ihren Job kündigen würden. Aber da Sie die Schulden für das Haus abzahlen und für Ihre Familie sorgen müssen, sitzen Sie fest: Jetzt sind Sie quasi ein Opfer der Umstände, oder? Sie können nichts ändern, weil Sie sich in Verpflichtungen verstrickt haben. Und so können Sie nur noch auf einen Lottogewinn oder ein Wunder hoffen …
Doch es scheint nur auf den ersten Blick so, dass wir keine Entscheidungsfreiheit haben. Denn wer sollte Sie daran hindern zu kündigen, wenn Sie wirklich Ihren Job aufgeben wollen? Ein Haus? Das könnten Sie vermutlich verkaufen. Die Schulden? Die könnten Sie mit dem Verkauf bestimmt zum größten Teil wieder loswerden. Ihre Familie? Würde die Sie nicht lieber glücklich als frustriert sehen? Wenn jemand etwas nicht tun kann, weil die Umstände es nicht erlauben, heißt das in Wahrheit, dass er nicht die Verantwortung für sich selbst übernehmen will. Und so ertragen viele lieber eine schlechte Situation, als sie zu ändern.

Selbst entscheiden und die eigene Sichtweise einbringen

Selbst wenn die Tatsachen unverrückbar oder Situationen völlig aussichtslos erscheinen, gibt es Spielraum für unterschiedliche Betrachtungsweisen. Man kann ein eigenes Haus als unverrückbare Investition betrachten oder man kann es verkaufen, wieder zur Miete zu wohnen und dadurch flexibler sein. Man kann an einem Job kleben, der Geld bringt, aber unglücklich macht, man kann aber auch etwas Neues ausprobieren, selbst wenn man eine Zeit lang weniger verdient. Sie sind keiner Bank und keinem Arbeitgeber verpflichtet, sondern vor allem sich selbst.

TEST: Harmonie-Check

Geben Sie leicht nach, um einen Konflikt zu vermeiden?

Wenn Sie etwas anderes wollen als Ihr Gegenüber, haben Sie immer vier Möglichkeiten:

1. Sie setzen sich und Ihre Ansichten oder Interessen durch.
2. Sie setzen sich auseinander, die anderen gewinnen und Sie bleiben zurück.
3. Sie finden einen Kompromiss, mit dem alle Beteiligten leben können.
4. Sie vermeiden die Auseinandersetzung und bescheiden sich zugunsten der Harmonie. Denn manchmal scheint nachzugeben und unter Umständen unter dem Ergebnis zu leiden leichter als handeln.

Finden Sie heraus, ob Sie möglicherweise zu schnell nachgeben. Kreuzen Sie bitte möglichst spontan an, welche Antworten am ehesten auf Sie zutreffen.

1. Jemand unterbricht Sie während einer Diskussion. Wie reagieren Sie?

a| Ich bitte den anderen höflich, mich ausreden zu lassen.
b| Verärgert, aber ich lasse den anderen ausreden.
c| Mit Verständnis und dann lasse ich ihn weiterreden.
d| Es verschlägt mir die Sprache.

2. In einer Gruppe geht es um die Planung eines Projekts. Wie beteiligen Sie sich an der Diskussion?

a| Ich bringe meine Meinung auf jeden Fall mit ein.
b| Ich sage nichts, solange ich nicht gefragt werde.
c| Ich habe einen Vorschlag, aber dafür streiten werde ich mich nicht.
d| Ich setze mehrfach an, komme aber nicht zu Wort.

3. Sie stehen unter Zeitdruck, als ein Bekannter Sie hartnäckig aufhält. Wie verhalten Sie sich?

a| Ich stoppe seinen Redefluss und verspreche ihn anzurufen.
b| Ich schaue ständig auf meine Uhr und hoffe, dass er die Geste versteht.
c| Ich erkläre meinen Zeitdruck, komme aber trotzdem nicht rechtzeitig weg.
d| Ich warte, bis er fertig ist, und gerate dann erst richtig unter Stress.

4. Sie sind befördert worden und spüren, dass Kollegen Sie darum beneiden. Was tun Sie?

a| Ich suche das Gespräch, um das Problem aus der Welt zu schaffen.
b| Das ist mir egal, ob die ein Problem damit haben.
c| Ich rede meinen Erfolg klein, um die anderen zu besänftigen.
d| Ich bemühe mich nun ganz besonders um meine Kollegen.

5. Sie »kämpfen« regelmäßig mit einem Freund auf sportlicher Ebene. Worauf kommt es Ihnen dabei an?

a| Ich kämpfe fair, will aber gewinnen.
b| Hauptsache, die Spielregeln werden eingehalten.
c| Mir ist der Spaß wichtiger als das Gewinnen.
d| Die gemeinsam verbrachte Zeit ist mir wichtig.

6. Sie erfahren, dass ein Kollege einen Fehler gemacht hat. Wie verhalten Sie sich?

a| Ich mache einen Lösungsvorschlag.
b| Ich schaue ernst und besorgt.
c| Ich nehme den Kollegen in Schutz.
d| Ich fühle mich irgendwie mitschuldig.

7. Ein nahestehender Mensch hat Sie nach einem heftigen Streit einfach stehen lassen. Wie reagieren Sie dann?

a| Ich bitte um eine Aussprache.
b| Ich warte, bis er sich wieder meldet.
c| Ich habe das bald wieder vergessen.
d| Ich schreibe einen herzlichen Brief.

8. Jemand macht in einer Runde einen bösen Witz auf Ihre Kosten. Was machen Sie?

a| Ich bitte darum, das zu unterlassen.
b| Ich mache ein beleidigtes Gesicht.
c| Ich tue so, als würde es mir nichts ausmachen.
d| Ich fühle mich äußerst unwohl und ziehe mich zurück.

9. Sie helfen Freunden beim Umzug und dabei geht Ihnen etwas zu Bruch. Wie fühlen Sie sich?

a| Ich bedauere das Malheur und komme selbst für den Schaden auf.
b| Es tut mir leid und ich übergebe die Angelegenheit zur Regulierung an meine Versicherung.
c| Ich schimpfe mit mir selbst und mache um Gefahrensituationen einen weiten Bogen.
d| Ich bin sehr bestürzt, untröstlich und unfähig, noch weiter mit anzupacken.

10. Welche von den Aussagen trifft am ehesten auf Sie zu?

a| Der Zweck heiligt die Mittel.
b| Besser spät als nie.
c| Der Klügere gibt nach.
d| Friede ernährt, Unfriede verzehrt.

Auswertung

Notieren Sie hier, wie oft Sie welchen Buchstaben angekreuzt haben.

a = ... mal **c** = ... mal
b = ... mal **d** = ... mal

Der Buchstabe, den Sie am häufigsten angekreuzt haben, beschreibt, wie standhaft oder nachgiebig Sie in Auseinandersetzungen reagieren. Haben Sie mehrere Buchstaben gleich oft gewählt, lesen Sie alle entsprechenden Beschreibungen.

Überwiegend a: Sie geben nur nach, wenn Sie es wollen

Sie erkennen, wann es notwendig ist, die eigene Position klar zu vertreten, und wann es besser ist, auch einmal zurückzustehen. **So entscheiden Sie und niemand sonst, ob es sinnvoll ist, nachzugeben oder den Konflikt durchzustehen.** Sie haben die Erfahrung gemacht, dass ein Zurückschrecken oder Nachgeben um jeden Preis kein gutes Ergebnis nach sich zieht. So sind Sie bereit, auch mal einen Streit zu riskieren. Da Sie meist überzeugende Argumente für Ihren Standpunkt haben, werden diese von den anderen auch respektiert. Manchmal treten Sie jedoch so direkt auf, dass »schwächere« Persönlichkeiten keine Chance haben, ihre Sicht der Dinge zu formulieren.

Solange die anderen Ihnen gewachsen sind, funktioniert die Auseinandersetzung. Aber wenn Ihr Gegenüber nicht mithalten kann, werden Sie leicht ungeduldig und setzen sich und Ihre Interessen einfach durch. Sie vergeben sich aber nichts, wenn Sie aus Ihrer starken Position heraus zurückhaltende Gegenüber dazu animieren, sich auch zu äußern. Versuchen Sie, sich in Ihr Gegenüber einzufühlen. Sie müssen deswegen noch nicht von Ihrem Standpunkt abrücken, aber vielleicht erfahren Sie dadurch noch einen ganz neuen, Ihnen bislang unbekannten Aspekt.

Überwiegend b: Sie schweigen manchmal zu lange

Es entspricht nicht Ihrem Wesen, sofort oder spontan Stellung zu beziehen. **Sie lassen sich mit Meinungsäußerungen viel Zeit, auch wenn Sie schon längst einen klaren Standpunkt haben.** In einem Konflikt beobachten Sie eher das Geschehen, als dass Sie entscheidend eingreifen. Harmonie ist für Sie kein so wichtiger Wert, der um jeden Preis erreicht werden muss.

Mit Ihrer Zurückhaltung lassen Sie andere aber nicht nur im Unklaren. Sie verpassen dabei auch schon mal den richtigen Zeitpunkt, um einen Konflikt zu beenden, und setzen damit einen harmonischen Ausgang aufs Spiel.

Selbst wenn die Entwicklung in eine Richtung läuft, die nicht mit Ihren Interessen übereinstimmt, halten Sie mit Ihrer Meinung noch zurück. Versuchen Sie einmal herauszufinden, warum Sie so lange schweigen, statt sich mitzuteilen. Wenn Sie jedoch eine Standpunkt für sich gefunden und ihn geäußert haben, dann bleiben Sie dabei, auch wenn das Disharmonie zur Folge hat. Und wenn andere Sie zugunsten einer harmonischeren Lösung davon abbringen wollen, reagieren Sie eher abweisend als zugänglich. Warum so rigide? **Reagieren Sie häufiger mal spontan und beziehen Sie Stellung.** Sagen Sie, was Sie denken, äußern Sie Ihre Meinung. Das ist fruchtbarer für eine Diskussion als übertriebene Zurückhaltung.

Überwiegend c: Sie geben schneller nach als notwendig

Die Zeit ist in Ihren Augen zu wertvoll, als dass Sie sich lange mit Konflikten aufhalten wollen. Oft haben Sie auch gar keinen eindeutigen Standpunkt, um den es sich zu kämpfen lohnt. **Sie sind überhaupt kein Freund von Konflikten und Auseinandersetzungen, weil das Streiten Ihnen auf die Nerven oder an die Nieren geht.** Und mit den Folgen möchten Sie erst recht nichts zu tun haben.

Sie hören sich lieber die Ansichten der anderen an und sind dann geneigt, um des lieben Friedens willen eher nachzugeben, als auf Ihrem Standpunkt zu beharren – wenn Sie denn einen haben. Dass Sie dabei aber vielleicht zu kurz kommen, fällt Ihnen erst später auf, und dann ist es meist zu spät und der Zug ist abgefahren. So kann es passieren, dass Ihre Wünsche auf der Strecke bleiben. Auf die Dauer entstehen dadurch negative Gefühle wie Unzufriedenheit, Wut, Enttäuschung. **Lassen Sie es nicht so weit kommen, dass der »Unfrieden«, vor dem Sie zurückschrecken, sich direkt bei Ihnen meldet.**

Forschen Sie nach, wenn Sie sich oft unzufrieden fühlen, denn dies ist ein Indiz dafür, dass Sie zu schnell nachgeben und Ihre Bedürfnisse zu kurz kommen. Sie sollten aber auch lernen, sich eine eigene Meinung zu bilden, die Sie im Gespräch klar vertreten.

Überwiegend d: Harmonie ist ein Schlüsselwert für Sie

Sie sind das, was allgemein als »harmoniesüchtig« beschrieben wird. **Sie schätzen verbindliche Beziehungen und Gewohnheiten.** Bloß keinen Streit bitte, flehen Sie deshalb, wenn sich ein Konflikt anbahnt. Harmonische Beziehungen vermitteln Ihnen ein Gefühl von Geborgenheit und Sicherheit, selbst wenn der Preis, den Sie dafür zahlen, viel zu hoch ist. Aber schon der Gedanke an einen Streit macht Ihnen Angst. So halten Sie häufig mit Ihrer Meinung hinter dem Berg, schweigen lieber oder schlucken Ärger hinunter. Natürlich ist Harmonie ein schöner Zustand, doch nur, wenn nicht einer dafür »bezahlen« muss. Daher gilt es, ein gesundes Gleichgewicht zu finden.

Es sind vor allem Verlustängste, die Sie zum Nachgeben motivieren. Sie fürchten Ablehnung, Streit, Wut und all die negativen Folgen, die Ihrer Meinung nach unvermeidlich sind, wenn Sie Ihre Ansicht äußern und verteidigen. **Aber ein Streit kann durchaus konstruktiv verlaufen, so wie ein Gewitter auch eine reinigende Wirkung hat. Genau diese Erfahrung brauchen Sie.** Aber solange Sie nur mit dem Schlechten rechnen, übersehen Sie, was Sie gewinnen können, wenn Sie Ihren Standpunkt klar vertreten. Trauen Sie sich also und erwarten Sie zur Abwechslung mal das Beste!

Was uns in der Opferrolle hält

Wenn andere Menschen über unser Leben, über unsere Zeit und unsere Erfahrungen bestimmen, geben wir die Verantwortung für uns selbst ab. Das mag auf den ersten Blick der einfachere Weg sein, doch ein fremdbestimmtes Leben macht auf Dauer nicht glücklich. Viele Gründe, die uns in der Opferrolle festhalten, sind uns nicht bewusst. Sie zu entlarven ist ein wichtiger Schritt auf dem Weg von der Passivität in die aktive Selbstverantwortung.

Wie groß ist Ihre Entscheidungsfreiheit?

Jede Entscheidung hat Konsequenzen. Es ist natürlich scheinbar leichter, für negative Konsequenzen andere verantwortlich zu machen, also jene, denen man die Entscheidung überlassen hat. Doch zufrieden macht das nicht, da man in der Opferrolle dann auch darauf wartet, dass ein anderer wieder in Ordnung bringt, was schiefgegangen ist. Sie haben das Steuer aus der Hand gegeben. Sie hängen wie eine Marionette an unsichtbaren Fäden, die andere für Sie ziehen.
Stellen Sie sich dagegen vor, Sie haben selbst eine Entscheidung getroffen. Zum einen können Sie schon während des Entscheidungsprozesses die Weichen so stellen, dass das Ergebnis für Sie möglichst positiv ausfällt. Sollte es trotzdem Probleme geben, haben Sie als aktiv Beteiligter die Möglichkeit, eine neue Entscheidung zu treffen und den Verlauf zu beeinflussen. Sie müssen nicht warten, bis jemand anderes aktiv wird.
Selbst zu entscheiden eröffnet also zahlreiche Möglichkeiten – ist das nicht erstrebenswert? Finden Sie deshalb heraus, welchen inneren und äußeren Zwängen Sie ausgesetzt sind und wo Sie vor der Verantwortung zurückschrecken und warum. Wer die Ursachen kennt, kann die Fäden kappen.

Sachzwänge

Das Haus ist auf Kredit gekauft und die monatlichen Raten wirken wie Fesseln. Gäbe es nicht die Schulden bei der Bank, ja dann … und so hat die Immobilie eines erreicht: Sie hat immobil gemacht. Aber diese angeblichen Ketten existieren nur im Geiste. Denn auch diese angeblichen Hinderungsgründe könnten aus der Welt geschafft, also das Haus wieder verkauft werden. Dafür braucht es aber den Willen, die Verantwortung für sich selbst zu übernehmen.

Welche Sachzwänge haben möglicherweise bei Ihnen ein Eigenleben übernommen? Schreiben Sie auf, mit welchen Fesseln Sie sich freiwillig einschnüren. Welcher Sachzwang dient wofür als Entschuldigung?

Erwartungen

Einkaufen, sauber machen, die Kinder abholen, die Rechnungen bezahlen, die Wäsche machen, das Auto aus der Werkstatt holen, die Einladungen schreiben, die Eltern besuchen, dem Freund beim Umzug helfen etc. Die Verpflichtungen türmen sich auf. Der Chef, die Kollegen, der Partner, die Familie, die Freunde, das Haustier – erwartungsvoll richten sie die Augen auf uns und fordern: Tu das alles für mich. Wer sich dem beugt, übernimmt Verantwortung für alles und jeden, nur nicht für sich selbst. Denn eine Absage an fremde Erwartungen ist mit Folgen verbunden und diese werden umgangen. Halten Sie deshalb jetzt einmal inne und fragen Sie sich, von welchen Erwartungen Ihrer Mitmenschen Sie sich im Alltag getrieben fühlen.

Überlegen Sie, wann und warum Sie sich mehr um die anderen als um sich selbst kümmern. Schreiben Sie auf, welche fremden Erwartungen Sie erfüllen und warum:

Lebensumstände

Die Kindheit war schwer, geprägt von Entbehrung und Problemen. Und die ganze Misere setzte sich fort. Die Eltern sind schuld, dass ich heute so bin, wie ich bin. Eine schwere Kindheit oder widrige Lebensumstände können eine wunderbare Entschuldigung für eigene Fehler und Untätigkeit sein. Aber viele Menschen haben es nicht leicht in ihrem Leben und sie werden trotzdem nicht automatisch zu Opfern. Jeder hat die Wahl, wie er mit seinem Schicksal umgeht.

Welche Entschuldigungen zaubern Sie für sich gelegentlich aus dem Hut? Listen Sie einmal auf, wann Sie die Verantwortung für sich auf fremde Schultern verteilen und warum:

Schicksal

Das Hochwasser kommt plötzlich und ohne Vorwarnung. Das Wasser überflutet alles und zurück bleibt eine zerstörte Existenz. Viele Menschen erleben, was Katastrophen wie Erdbeben, Erdrutsche, Hochwasser, Hurrikane, Feuer oder Unfälle anrichten können. Oft geschieht es blitzschnell und eine ganze Existenz ist wie weggeblasen. Trotzdem rappeln sich viele wieder auf und fangen von vorne an. Nicht jeder Betroffene bleibt ein Opfer und wartet darauf, von anderen versorgt zu werden.

Gab es in Ihrem Leben schicksalhafte Ereignisse? Schreiben Sie auf, welchem Schicksal Sie sich hilflos ausgeliefert gefühlt haben und warum Sie sich wie ein Opfer vorkamen:

Gewohnheit

Jeder weiß, dass das Rauchen der Gesundheit schadet, und so unternehmen Raucher immer wieder den Versuch, das Laster loszuwerden. Manchen gelingt es, andern nicht. Die Entschuldigung für den Misserfolg lautet dann oft: Die Sucht war stärker als ich. Die Verantwortung liegt dann weit weg von einem selbst und verdeckt, dass eigentlich nur der eigene Wille zu schwach war.

Vor welchen Veränderungen schrecken Sie zurück, weil es Ihnen schwerfällt, eine Gewohnheit über Bord zu werfen? Überlegen Sie einmal, welche Gewohnheit über Sie bestimmt und warum Sie zaudern, diese wieder loszuwerden:

Bequemlichkeit

Hotel Mama funktioniert wunderbar. Der Service ist kostenlos und sehr angenehm. Wenn Kinder länger als notwendig bei den Eltern wohnen, gibt es »Opfer« und »Täter« auf beiden Seiten. Oft wollen die Eltern ihr Kind nicht loslassen und machen sich quasi unentbehrlich. Doch für die Kinder hat die Versorgungsmentalität ihren Preis: Sie bleiben in einer längst überholten Rolle verhaftet und schränken ihren Bewegungsradius letztlich damit ein. Hinter welchen von Ihnen bislang nicht getroffenen Entscheidungen steckt in Wahrheit nur Antriebslosigkeit?

Schreiben Sie auf, wo die Bequemlichkeit Sie beherrscht und warum Sie in diesem Fall lieber bequem sein möchten:

Ohnmacht

Die Arbeit muss getan werden und außer Ihnen ist keiner da. Aus der Vierzigstundenwoche ist ein Siebzigstundenjob geworden und die Erschöpfung hat längst einen gefährlichen Grad erreicht. Aber die Lage lässt sich nicht ändern und so hat sich der Stress zum Burn-out entwickelt. Einfach so? Nein! Aus dem Gefühl der Ohnmacht heraus haben Sie keine Grenze gezogen. Sie sind der Meinung, dass Sie sowieso nichts dagegen tun können, dass Sie der Entwicklung ausgeliefert sind.

Gibt es in Ihrem Leben Situationen, in denen Sie eine klare Aussage wie »ich will das nicht« vermeiden? Dann listen Sie diese hier auf und dazu jeweils den Grund, warum Sie sich dabei als Opfer fühlen:

Abwehr

Die Tendenz nimmt zu, für die Konsequenzen des eigenen Fehlverhaltens andere verantwortlich zu machen. Die Tabakkonzerne sind schuld, dass Raucher Lungenkrebs bekommen, und sollen dafür Schadenersatz leisten. Die Süßwarenproduzenten sind schuld an dem Diabetes des Schokoladenjunkies, der täglich drei Schokoriegel isst, und sollen dafür zahlen. Doch wer zwingt den Raucher zum Rauchen, den Leberkranken zum Trinken, den Fettleibigen zum Essen? Niemand zwingt uns, zum Opfer zu werden!

Kennen Sie Situationen, in denen Sie die Verantwortung wider besseren Wissens auf andere schieben? Überlegen Sie einmal ganz ehrlich, wann dies bei Ihnen der Fall ist und warum Sie die Verantwortung von sich weisen:

Obrigkeit

Das können Institutionen wie zum Beispiel Banken, Firmen oder Kirchen sein, aber auch Menschen aus unserer nächsten Umgebung wie der Partner, die Eltern oder ein Vorgesetzter. Sie entscheiden für uns, geben die Richtung vor und wiegen uns damit in Sicherheit. Wir sind von der Verantwortung für uns selbst entbunden, wenn wir andere Teile unseres Lebens für uns regeln lassen.

Gibt es in Ihrem Leben Entscheidungen, die Sie lieber einer übergeordneten Instanz überlassen? Schreiben Sie auf, welche Entscheidungen Sie welchen Instanzen überlassen:

Angst

Das Gespräch mit dem Partner über die Beziehung ist längst überfällig. Aber wie wird er auf das reagieren, was Sie seit Langem auf dem Herzen tragen? Wird seine Reaktion beleidigt oder verletzt, aggressiv oder verständnisvoll sein? Aus Angst vor dem ungewissen Ausgang gibt es kein Gespräch, sondern nur Schweigen. Doch damit werden weder Probleme gelöst noch positive Entwicklungen eingeleitet. Das Gegenteil tritt ein: Die Unzufriedenheit über die Situation wird immer größer.

Vor welchen wichtigen Gesprächen oder Entscheidungen haben oder hatten Sie so viel Angst, dass Sie diese vermeiden? Überlegen Sie, wo Sie alles so lassen, wie es ist, und warum der Gedanke an Veränderung Sie so erschreckt. Vor welchen Entscheidungen drücken Sie sich und warum?

Führen Sie Regie in Ihrem Leben

Es gibt Menschen, die sagen, was sie denken, und die bekommen, was sie wollen – zumindest scheint es so. Die anderen sind die Opfer, die Mauerblümchen, die Zuhörer oder Statisten: Sie ärgern sich still, sagen nicht, was sie denken oder fühlen, und entschuldigen sich auch noch für die Fehler der anderen. Doch Willenskraft und Selbstvertrauen lassen sich trainieren wie ein Muskel. Wir können lernen, Nein zu sagen, selbst wenn es uns manchmal schwer über die Lippen geht.

So stärken Sie Ihr Selbstvertrauen

Niemand kommt mit zu wenig Selbstvertrauen auf die Welt. Wenn wir Angst vor Entscheidungen haben und davor, die Verantwortung für uns selbst zu übernehmen, dann nur, weil wir früh schlechte Erfahrungen gemacht haben, die unser Selbstbewusstsein torpedieren. So tragen wir ständig einen Kritiker mit uns herum, der alles daransetzt, uns klein zu halten. Um unser Selbstvertrauen zu stärken, müssen wir uns selbst aufbauen und uns selbst den Rücken stärken. Wir müssen aufhören, uns selbst klein zu machen. Das ist der wichtigste Schritt aus der Opferrolle!

Regie-Strategie Nr.1: Denken Sie immer gut von sich

Bevor wir in einer Situation tatsächlich Nein sagen können, müssen wir uns innerlich darauf vorbereiten und uns selbst klarmachen, dass es uns zusteht. Entdecken Sie Ihre starken Seiten, spüren Sie negative Gedanken über sich selbst auf und verwandeln sie in positive.

Sie sind nicht schuld

Sie denken, dass Sie alle Überstunden übernehmen müssen, weil das Privatleben der Kollegen wichtiger ist als das Ihre? Warum sollte das so sein? Ihre Bedürfnisse sind genauso wichtig. Sagen Sie sich: Ich bin nicht

verantwortlich für das Leben der anderen. Alles, was Sie bisher anderen zugestanden haben, gilt von nun an zuerst für Sie selbst.
Wenn Ihr Kollege Mist gebaut hat, dann denken Sie nicht mehr, dass Sie dafür verantwortlich sind. Halten Sie nicht den Kopf dafür hin. Sagen Sie klar, das nicht Sie schuld daran sind und schrecken Sie nicht vor der Auseinandersetzung zurück.
Wenn jemand zu Ihnen sagt, Sie hätten ihn enttäuscht, dann nehmen Sie das nicht mehr als Tatsache hin. Fragen Sie nach, wie es dazu kommen konnte. Denn vermutlich sind nicht Sie dafür verantwortlich, sondern der andere hat selbst seinen Teil dazu beigetragen, dass etwas nicht so gelaufen ist, wie gewünscht.

Sie können es!

Überlegen Sie sich drei positive Eigenschaften, die Sie haben. Wenn sich das nächste Mal Selbstzweifel regen, führen Sie sich diese Eigenschaften vor Augen. Machen Sie sich klar, dass Sie ein fähiger Mensch sind und stolz auf das sein können, was Sie für sich schon erreicht haben.
Rufen Sie sich ins Gedächtnis, in welcher Situation Sie sich zuletzt nicht wie ein Opfer verhalten haben, sondern überraschend selbstbewusst aufgetreten sind. Das können auch scheinbar ganz unbedeutende Begebenheiten gewesen sein (z. B. Sie haben einem Freund gesagt, dass Sie ihm nicht helfen können, weil Sie keine Zeit haben). Niemand ist immer nur Opfer. Sich vor Augen zu führen, dass man durchaus in der Lage ist, auch einmal Nein zu sagen, stärkt das Selbstvertrauen für künftige Situationen.

Regie-Strategie Nr. 2: Erwarten Sie keine Reaktion

Die meisten Menschen haben Probleme damit, Nein zu sagen, weil sie von falschen Annahmen ausgehen. Sie setzen bestimmte negative Reaktionen voraus und schrecken davor zurück. Das sind aber nur Annahmen, keine Tatsachen. Und Annahmen können wir verändern.
Sie erwarten, nicht mehr geliebt zu werden, wenn Sie sich widersetzen? Dann sollten Sie sich fragen, wie Sie darauf kommen. Hat der andere sich so geäußert oder setzen Sie das einfach voraus? Sagen Sie sich: Liebe hat keinen Preis, sie ist ein Geschenk. Wenn er mich nur dann liebt, wenn ich tue, was er will, dann ist das keine Liebe, sondern Dominanz. Und darauf können Sie verzichten.

Sie erwarten, dass die anderen Sie ablehnen, wenn Sie nicht nachgeben? Dann fragen Sie sich, wie Sie zu dieser Annahme kommen. Haben Sie es schon einmal ausprobiert? Und wenn ja: Sind die Reaktionen nicht unterschiedlich ausgefallen? Mal war es kein Problem, mal waren die anderen tatsächlich beleidigt? Und seien Sie ehrlich: Wollen Sie wirklich mit Menschen befreundet sein, die Sie nur mögen, wenn Sie nach ihrer Pfeife tanzen?
Sie haben Angst, als egoistisch zu gelten? Dann erinnern Sie sich daran, dass jeder das Recht hat, Wünsche zu äußern. Die anderen tun es ja auch. Es geht nicht darum, rücksichtslos seine Ansichten oder Wünsche durchzusetzen, sondern darum, sich auszutauschen und eine gemeinsame Lösung zu finden.
Wenn Sie Angst davor haben, Sie könnten dann den Partner, einen Freund oder den Job verlieren oder etwas ganz Schlimmes könnte passieren, dann machen Sie klar, dass Sie nicht hellsehen können. Sie können die Reaktion auf Ihr Nein nie vorhersehen. Und so leicht verliert man den Partner, Freund oder Job nicht. Das Schlimmste, was passieren kann, ist, dass Sie Ihr Leben nicht leben!

Regie-Strategie Nr.3:
Stellen Sie den Kritiker ab

Unser innerer Kritiker thront auf einem Berg aus Erfahrungen, Meinungen, Vorurteilen und Manipulationen, die mit uns gar nichts tun haben müssen, sondern nur die eigene Wahrnehmung beeinflussen. Im Zwiegespräch mit unserem inneren Kritiker verwechseln wir leicht die fremde Stimme mit unserer eigenen. Die fremde Stimme stammt meist von unseren Eltern und anderen Menschen, die erzieherisch in unserem Leben gewirkt haben. Als kleine Übung gegen diese Beeinflussung hilft es, dem Kritiker im Kopf sofort den Mund zu verbieten, wenn er sich meldet. Wenn er anfangen will, Sie klein zu reden, halten Sie ihm den Mund zu. Hören Sie nicht auf ihn, wenn er Ihnen weismachen will, dass er mehr über Sie weiß als Sie selbst.
Nehmen Sie den Kritiker einfach nur wahr als das, was er ist: ein Überbleibsel aus früheren Zeiten. Das ist anfangs nicht ganz einfach, denn der Kritiker arbeitet hartnäckig gegen Sie. Versuchen Sie es trotzdem. Je stärker Sie werden, umso schwächer wird er, und irgendwann wird seine Stimme verstummen. Besser noch: Sie werden Ihre eigenen Maßstäbe und Leitlinien entdecken und so selbst – und nicht fremdbestimmt handeln.

Regie-Strategie Nr.4:
Stehen Sie zu Entscheidungen

Wenn Sie zu einem Entschluss gekommen sind, dann bleiben Sie auch dabei. Lassen Sie sich nicht verunsichern oder gar von Ihrem Entschluss abbringen. Wenn Sie keine Überstunden machen wollen und das gesagt haben, dann bleiben Sie dabei. Mit Ihrer konsequenten Haltung übernehmen Sie die Verantwortung für sich.

Regie-Strategie Nr.5:
Tragen Sie Verantwortung für sich

Verantwortung für sich selbst zu übernehmen geht weit über »Sei du selbst!« hinaus. In Beziehungen heißt das, dass wir uns selbstbewusst einbringen und den anderen lieben wie uns selbst. Im Beruf geben wir unser Bestes, als wären wir selbst der Chef oder Firmeninhaber. Beim Shoppen lassen wir uns nicht mehr verführen von scheinbaren Glücksversprechungen. Urlaub ist nicht mehr die Flucht aus dem langweiligen Alltag, sondern eine Möglichkeit, sich selbst neu zu entdecken.
Aus Untersuchungen zum Straßenverkehr resultiert eine interessante Erkenntnis: Wenn der Verkehr gefährlich ist, ist er sicher. Klingt paradox, trifft aber zu. Wem die Gefahren des Straßenverkehrs nicht bewusst sind, weil er sich durch viele Regeln in Sicherheit wiegt, der lässt in seiner Aufmerksamkeit nach. Wir halten bei Rot an der Ampel und fahren bei Grün los, ohne damit zu rechnen, dass trotzdem jemand unseren Weg kreuzen könnte. Wir verlassen uns blind auf die Ampel. Ohne Ampelregelung muss hingegen jeder selbst darauf achten, ob der Weg frei ist, er muss selbst entscheiden, was er wann tut. Dieses Prinzip kann aufs Leben übertragen werden. Wir bewegen uns viel wacher, selbstbewusster und aufmerksamer, wenn wir eigene Entscheidungen treffen.

Regie-Strategie Nr.6:
Sagen Sie Nein, wenn Sie Nein meinen

Wir alle kennen Menschen, bei denen es uns besonders schwerfällt, ihnen etwas abzuschlagen. Überlegen Sie, bei welchen Menschen Sie nur sehr schwer oder gar nicht Nein sagen können, auch wenn Sie es gerne täten.

Wem können Sie nichts abschlagen?

Nein zu sagen gelingt uns, wenn wir uns bewusst werden, bei wem wir nach welcher Anerkennung oder Belohnung streben. Notieren Sie hier den Namen eines Menschen und den Grund dafür (z. B. mein Partner, weil er dann enttäuscht von mir ist, mein Chef, weil mir seine Sympathie wichtig ist).

Name: ______________________________

Grund: ______________________________

Malen Sie sich den »worst case« aus

Sich bewusst zu machen, welche negativen Erwartungen wir haben, macht uns klar, warum uns das Neinsagen so schwerfällt. Diese Befürchtungen existieren aber nur in unserem Kopf. Malen Sie sich nun aus, was im schlimmsten Fall passieren würde, wenn Sie bei diesem Menschen über Ihren Schatten springen und Ihre eigene Position vertreten würden (z. B. mein Partner würde sich von mir trennen, mein Chef würde mir kündigen).

Das schlimmstmögliche Ergebnis:

____

Malen Sie sich den »best case« aus

Wer sich als Opfer fühlt, sieht immer nur die schlechteste aller Möglichkeiten. Sich hingegen mit einer optimistischen Grundhaltung auszumalen, was als positives Ereignis aus dem Neinsagen entstehen könnte, stärkt das eigene Selbstbewusstsein.
Drehen Sie daher den Spieß einmal um und überlegen, was im Idealfall passieren könnte, wenn Sie bei diesem Menschen ein klares Nein äußern würden (z. B. mein Partner würde sich freuen, dass ich endlich mal eine Meinung vertrete und er nicht immer für mich mitentscheiden muss, mein Chef wäre angenehm überrascht über meine Initiative und würde mich von nun mit anderen Augen sehen).

Das bestmögliche Ergebnis:

____

Regie-Strategie Nr. 7: Nehmen Sie sich richtig wichtig

Welche Entscheidung würden Sie gerne treffen? Welche Situation, in der Sie sich wie ein Opfer fühlen oder verhalten, würden Sie als Erstes ändern? Notieren Sie ein Beispiel, das Ihnen schon lange am Herzen liegt, von dem Sie aber glauben, dass Sie es doch nicht schaffen werden. Zensieren Sie nicht!

Das würde ich gerne ändern, wenn ich stark wäre:

Nutzen Sie das Wunschprogramm

Wünsche zu haben ist legitim. Träumen Sie aber nicht nur von dem, was Sie gerne verändern würden, sondern fassen Sie sich endlich ein Herz, dies auch zu tun. Gehen Sie dabei nach dem Wunschprogramm (siehe Seite 18) vor. Schritt 1 haben Sie bereits getan. Wenn Ihr Wunsch beschreibt, was Ihnen fehlt, dann machen Sie nun Schritt 2 und formulieren Sie ihn um: Was wollen Sie stattdessen? Wenn Sie Ihren Wunsch positiv formuliert haben, gehen Sie weiter zu Schritt 3 und füllen ihn mit den entsprechenden guten Gefühlen. Es gab bestimmt schon einmal eine Situation, in der Sie stark und selbstbewusst aufgetreten sind und alles andere als ein Opfer waren. Holen Sie sich die gute Erinnerung ins Gedächtnis zurück mitsamt all den positiven Gefühlen, die Sie damals hatten. Programmieren Sie damit Ihren Geist neu. Und dann folgt Schritt 4 fast wie von selbst: Öffnen Sie sich für die Erfüllung Ihres Traums.

Regie-Strategie Nr. 8: Halten Sie Erfolge im Tagebuch fest

Ergänzen Sie Ihr Tagebuch um einen weiteren Aspekt. Schreiben Sie auf, wann Sie selbstbewusst aufgetreten, einem Konflikt nicht aus dem Weg gegangen sind, wann Sie Nein gesagt haben, obwohl es Ihnen schwerfiel. Es ist wichtig, sich diese Erfolge immer wieder vor Augen zu führen, und das gelingt am besten, indem Sie es aufschreiben.

- In welchen Situationen habe ich heute einmal NEIN gesagt, weil ich NEIN meinte?

stop!

Raus aus den Schuldgefühlen

go!

und sich an die erste Stelle setzen

Für Mannschaftssportler oder Teamworker gilt das Motto »Alle für einen«. Wenn aber die Balance zwischen eigenen Wünschen und fremden Erwartungen aus dem Gleichgewicht gerät, kann zu viel Rücksichtnahme in eine Sackgasse führen. Wenn Sie etwas möchten, was andere nicht wollen, ist das noch lange kein Grund, darauf zu verzichten. Führen Sie selbstbewusst das Leben, das Ihnen entspricht, auch wenn es anderen nicht immer gefällt.

Das Leben selbst in die Hand nehmen

Manche Erwartungen haben wir an uns selbst, andere werden an uns herangetragen. Entscheidend ist, wie wir damit umgehen. Ein gesunder Egoismus kann uns davor schützen, immer nur fremde Erwartungen zu erfüllen. Denn jeder hat das Recht, so zu leben, wie er es sich wünscht. Mit Selbstsucht hat das überhaupt nichts zu tun, trotzdem haben wir oft ein schlechtes Gewissen. Für jemanden, der alles richtig machen möchte, sind Schuldgefühle der Antrieb. Aber wer sagt uns eigentlich, was das Richtige für uns ist?

Das Manipulationsspiel

Fremde Erwartungen können offen an uns herangetragen werden mit Sätzen wie: »Diesen Gefallen bist du mir schuldig.« Dann können wir uns damit auseinandersetzen und entscheiden, ob das wirklich zutrifft. Erwartungen können sich aber auch hinter einer scheinbar harmlosen Aussage verstecken: »Sieh nur, was dein Bruder mir geschenkt hat« oder: »Deinetwegen haben wir uns wieder gestritten.« Geschickt macht uns der Absender klar: »Du kümmerst dich nicht genug um mich« oder: »Sei endlich so, wie wir es wollen.« Und prompt fühlen wir uns schuldig, weil wir wieder mal an uns und nicht an die anderen gedacht haben. Manipulation heißt dieses gefährliche, undurchsichtige Spiel. Wenn Schuldgefühle Ihr ständiger Begleiter sind, dann manipuliert Sie wahrscheinlich jemand sehr geschickt und zwingt Ihnen seinen Willen auf.

Was wollen Sie wirklich?

Fragen Sie sich selbst: Ist es Ihnen wichtig, Ihr Leben so zu führen, dass es anderen zusagt, oder ist es Ihnen egal, was andere über Sie denken? Wenn Sie beispielsweise über die Weihnachtstage verreisen möchten, aber Ihre verwitwete Mutter erwartet, dass Sie die Feiertage mit ihr verbringen, dann stecken Sie vermutlich in einem Zwiespalt, und Schuldge-

fühle melden sich. Um aus dem Dilemma »Urlaub oder Mutter« herauszukommen, könnten Sie sich fragen: Was würde ich selbst am liebsten tun? Ist der Preis akzeptabel, den ich dafür zahlen muss?
Das könnte so aussehen: Würde ich gerne verreisen? Ja, weil ich nur in diesem Zeitraum Urlaub nehmen kann. Außerdem hasse ich diesen Weihnachtsstress und möchte dem schlechten Wetter entfliehen. Ist der Preis, den ich dafür zahlen muss, akzeptabel? Und jetzt kommen wir zum Kern der Sache: Die Mutter wäre enttäuscht und das können Sie nicht ertragen. Warum nicht? Die mütterliche Enttäuschung macht Ihnen ein schlechtes Gewissen, weil Sie immer noch ein gutes Kind sein möchten, so wie Sie es gelernt haben. Und während andere ihrem Egoismus frönen – wie etwa Ihre Mutter, denn sie erreicht ja, was sie will –, erliegen Sie Ihren Schuldgefühlen.

Wenn nicht Sie, wer dann?

Aber wie könnte die Alternative aussehen? Sie könnten eine klare Entscheidung für Ihren Urlaub und gegen das gemeinsame Weihnachtsfest treffen und darüber offen und ehrlich mit der Mutter sprechen. Eine egoistische Mutter würde verstärkt an Ihr Gewissen appellieren. Sie würde versuchen, Ihnen große Schuldgefühle zu vermitteln, damit Sie doch bei ihr bleiben. Dann sollten Sie sich schleunigst ein Scheibchen Egoismus von ihr abschneiden. Eine scheinbar selbstlose Mutter würde Ihre Entscheidung zwar hinnehmen, aber still leiden und Ihnen damit ebenfalls Schuldgefühle vermitteln. Selbst wenn Sie wegfahren würden, hätten Sie dauernd ein schlechtes Gewissen und nur wenig Spaß auf der Reise. Eine reife Mutter, die es wirklich gut mit Ihnen meint, würde sich Ihre Gründe anhören, Ihr Fehlen an den Weihnachtstagen bedauern, sich dann aber selbst um eine Alternative kümmern. Schließlich hat sie ja noch mehr Verwandte oder Freunde, mit denen sie das Fest verbringen kann. Sie meistert ihr Leben schon länger allein.

Sie sind nicht für das Glück der anderen verantwortlich

Es ist deshalb gefährlich, zu denken: »Ich kann doch meine arme, alte Mutter nicht alleine lassen …« Die arme, alte Mutter ist in erster Linie für sich selbst verantwortlich – ausgenommen, sie ist krank oder auf Pflege angewiesen. Jeder Mensch ist für sich selbst verantwortlich – Kinder und Pflegebedürftige ausgenommen. Wir sind nicht verpflichtet, irgendetwas für andere zu tun. Und wenn wir es tun, sollte es freiwillig geschehen.

Wie klingt das in Ihren Ohren? Egoistisch natürlich. Aber das ist kein Fehler. Wir können aus freien Stücken andere unterstützen, aber wir sind nicht verantwortlich dafür, ob jemand glücklich ist oder nicht. Wir können nicht das Leben anderer leben und sie auch nicht zufrieden machen.

Streifen Sie Ihre Schuldgefühle ab

Schuldgefühle haben eine soziale Funktion: Sie regeln unser Zusammenleben. Normalerweise bekommen wir ein schlechtes Gewissen, wenn wir gegen allgemein gültige Regeln oder Normen verstoßen. Auch jemanden zu belügen oder zu betrügen löst in der Regel Schuldgefühle aus. Voraussetzung für diese Schuldgefühle ist, dass wir über diese Regeln und Normen nachgedacht und sie für uns selbst als gültig erklärt haben.

Eigene Werte bestimmen

Aber wie steht es mit dem Bewertungsmaßstab, dem wir uns beugen, ohne es eigentlich zu wollen? Spätestens wenn wir unsere Wünsche, Gedanken oder Fantasien mit einem schlechten Gewissen blockieren, läuft etwas falsch. Und hier stellt sich die Frage, ob diese negativen Gefühle, die unsere Träume bremsen, eigentlich angemessen sind.
Wer also ständig mit Zweifeln und Schuldgefühlen belastet ist und sich häufig fragt, ob er etwas gut oder schlecht, richtig oder falsch gemacht hat oder ob er dies überhaupt tun darf, sollte sich schleunigst mit seinem Bewertungsmaßstab auseinandersetzen: Wer bestimmt, was gut, richtig oder akzeptabel ist und was nicht? Sind Sie es noch selbst oder ist es irgendeine Macht, die sich in Form von Schuldgefühlen bemerkbar macht?

Verantwortung übernehmen

Nur Sie können diese Fragen beantworten. Wenn Sie zu dem Schluss kommen, jemand anders bestimmt Ihren Bewertungsmaßstab, dann ist es an der Zeit, dass Sie selbst anfangen zu entscheiden, was gut ist und was nicht. Setzen Sie sich selbst an die erste Stelle. Das bedeutet, sich seiner eigenen Wünsche und Ziele bewusst zu werden und alles dafür zu tun, dass sie wahr werden können. Dann sind Sie und nur Sie dafür verantwortlich, Ihre Ziele und Wünsche zu erreichen. Dann liegt es ganz allein bei Ihnen, ein erfülltes, glückliches Leben zu führen.

TEST: Ego-Check

Erfüllen Sie fremde Erwartungen?

Unsere Mitmenschen reagieren nicht immer begeistert, wenn wir unseren eigenen Weg gehen. Aber dabei übersehen wir leicht, dass die Motive der anderen egoistischer Natur sind. Den Verhinderern geht es nicht um unser Glück, sondern um ihr eigenes. Wie verhalten Sie sich, wenn Sie mit einer fremden Erwartung konfrontiert werden: eher gefällig oder eher egoistisch? Testen Sie es.

1. Sie werden mit dem Vorwurf konfrontiert: »Deinetwegen haben wir uns gestritten.« Wie reagieren Sie darauf?

a| Sie weisen den Vorwurf zurück mit: »Das ist euer Problem.«
b| Sie bedauern, der Grund des Streits gewesen zu sein, und fragen warum.
c| Sie sind verunsichert und fragen, wie Sie vermitteln könnten.
d| Sie fragen, was Sie ändern können, damit es nicht mehr geschieht.

2. Sie haben eine Aufgabe abgeschlossen und präsentieren das gute Ergebnis. Der Vorgesetzte lobt die Arbeit, merkt aber an, dass er etwas mehr von Ihnen erwartet hätte. Was könnte hinter seiner Kritik stecken?

a| Mit seiner Einschränkung schraubt er nur seine Erwartungen noch höher.
b| Er will nicht, dass ich mich in meinem Erfolg und seinem Lob sonne.
c| Er ist der Chef und er bestimmt, wann eine Leistung gut ist und wann nicht.
d| Ich werde mich noch mehr anstrengen müssen, um ihn zufrieden zu stellen.

3. Sie wollen einen Mantel kaufen, aber keiner gefällt Ihnen richtig. Die Verkäuferin wird ungeduldig. Wie verhalten Sie sich?

a| Sie bedanken sich für die gute Beratung und gehen, ohne etwas zu kaufen.
b| Sie lassen zwei Mäntel zurücklegen und versprechen wiederzukommen.
c| Sie vergessen den Mantel und kaufen stattdessen einen Regenschirm.
d| Sie kaufen einen Mantel und betreten danach den Laden nie mehr.

4. Jemand fordert Sie auf, etwas für ihn zu tun, was Ihnen widerstrebt. Wie antworten Sie?

a| Ich tue das nicht, wieso machst du es nicht einfach selbst?
b| Ich mache es, aber dann schuldest du mir was.
c| Ich kann das nicht, kannst du nicht jemand anderes bitten?
d| Ich will das eigentlich nicht tun, aber weil du es bist.

5. **Ihr Partner bittet Sie um einen Gefallen, der Ihren Zeitplan sprengt. Sie lehnen ab und hören darauf: »Ich tue immer so viel für dich.« Ihre Antwort?**

a| Jetzt übertreib mal bloß nicht.
b| Niemand zwingt dich dazu, oder?
c| Na gut, dann mach ich's halt.
d| Ich wollte dich nicht verletzen und mache das gerne für dich.

6. **Sie haben einen Fehler gemacht und ernten dafür harte Kritik. Was denken Sie?**

a| Wer ohne Fehler ist, werfe den ersten Stein.
b| Das nächste Mal mach ich es besser.
c| Wie konnte mir das nur passieren?
d| Ich bin schuld und dafür muss ich jetzt büßen.

7. **Welche Redensart trifft am ehesten auf Sie zu?**

a| Eine Hand wäscht die andere.
b| Besser spät als nie.
c| Aufgeschoben ist nicht aufgehoben.
d| Wer A sagt, muss auch B sagen.

8. **Sie bekommen eine Einladung, möchten aber lieber zu Hause bleiben und entspannen. Wie reagieren Sie?**

a| Ich sage freundlich, aber ohne Begründung ab.
b| Ich sage ab und erkläre warum.
c| Ich gehe hin, bleibe aber nicht lange.
d| Ich gehe hin und ärgere mich den ganzen Abend.

9. **Sie bitten einen Kollegen um einen Gefallen. Der weist Sie freundlich, aber bestimmt zurück. Was denken Sie?**

a| Schade, aber vielleicht kann mir jemand anderes helfen.
b| Der braucht nicht zu glauben, dass ich ihm noch mal helfe.
c| Ich kann das gar nicht glauben, ich bin völlig perplex.
d| So ein selbstsüchtiger Egoist, ich helfe ihm doch auch immer.

10. **Welcher dieser Redensarten stimmen Sie am ehesten zu?**

a| Wer sich in Dinge einmischt, die ihn nichts angehen, hört Dinge, die ihm nicht gefallen.
b| Willst du Sicherheit im Leben, so sage immer: Ich weiß nicht.
c| Wer lange sinnt, beginnt nicht, und wer nicht beginnt, gewinnt nicht.
d| Höre ich zu, habe ich den Nutzen. Spreche ich, haben ihn andere.

Auswertung

Notieren Sie hier, wie oft Sie welchen Buchstaben angekreuzt haben.

a = ... mal **c** = ... mal
b = ... mal **d** = ... mal

Der Buchstabe, den Sie am häufigsten angekreuzt haben, beschreibt, wie Sie mit fremden Erwartungen umgehen. Haben Sie mehrere Buchstaben gleich oft gewählt, lesen Sie alle entsprechenden Beschreibungen.

Überwiegend a: Sie sind ein sehr unabhängiger Typ

Wenn es die Situation erfordert oder Ihnen danach ist, können Sie sich ohne große Probleme von fremden Erwartungen distanzieren. **Sie treffen Ihre Entscheidungen unabhängig von den Erwartungen der anderen.** Es belastet Sie nicht sonderlich, wenn Ihr Verhalten andere verstimmt, weil Sie aus Erfahrung wissen, dass sich der Ärger meistens schnell wieder legt.

Manchmal ist Ihnen aber nicht ganz klar, ob Sie eine an Sie herangetragene Erwartung nur deshalb zurückweisen, weil sie von außen kommt. Denn Ihr Wunsch nach Unabhängigkeit kann schon mal übers Ziel hinausschießen. Wenn Sie nur das geringste Gefühl von Einschränkung oder Zwang haben, heben Sie sofort abwehrend die Hände und machen zu.

Das hat Auswirkungen auf Ihre zwischenmenschlichen Beziehungen: Solange Ihre Mitmenschen auf Ihre Wünsche Rücksicht nehmen, ist alles im Lot. Aber wie ist es umgekehrt? **Nachgeben muss nicht automatisch eine Schwäche sein und nicht jede Erwartung ist eine Manipulation.** Versuchen Sie diese Unterscheidung zu treffen, bevor Sie sich vielleicht zu schnell abwenden. Es ist nicht immer falsch, etwas für einen Menschen zu tun, sondern kann im besten Sinne auch eine Bereicherung sein – natürlich nur, wenn Sie es aus freien Stücken tun und Freude daran haben.

Überwiegend b: Sie treten nicht eindeutig genug auf

Sie erkennen meistens, wenn jemand versucht, Sie für seine Zwecke einzuspannen, die aber nichts mit Ihren Vorstellungen gemein haben. Sie sind auch bereit, eigene Entscheidungen zu treffen und die Konsequenzen dafür zu tragen. Was Sie sich einmal vorgenommen haben, verfolgen Sie konsequent. Sie versuchen dabei auch Rücksicht auf Ihre Mitmenschen zu nehmen. **Sie sind bereit, etwas abzugeben oder zugunsten anderer eine Kurskorrektur vorzunehmen.** Niemand ist schließlich eine Insel.

Allerdings erwarten Sie dabei von den anderen, dass diese sich Ihnen gegenüber genauso korrekt verhalten. Bei Erwartungen gibt es jedoch ein Problem: Sie werden sehr oft enttäuscht. Werden Sie ausgenutzt oder haben das Gefühl, jemand versucht Ihnen Schuldgefühl zu vermitteln, dann reagieren Sie verletzt.

Vielleicht sollten Sie es erst gar nicht so weit kommen lassen. Ein zu nachgiebiges Auftreten kann andere dazu verleiten, Sie manipulieren zu wollen. Je klarer und bestimmter Sie auftreten und Ihre Ziele verfolgen, umso weniger fühlen andere sich versucht, Ihnen im Wege zu stehen. **Treten Sie eindeutiger auf, dann werden andere nicht mehr so viel Einfluss auf Sie und Ihre Wünsche nehmen.**

Überwiegend c: Sie lassen sich zu schnell abbringen

Sie sind ein spontaner Mensch und Freund schneller Entscheidungen. Es liegt Ihnen fern, sich lange mit etwas aufzuhalten. Ihre Flexibilität überrascht Ihre Mitmenschen immer wieder. Es gibt so vieles, was Sie im Kopf haben oder was Sie interessiert, dass die Auswahl nicht immer leichtfällt. Manchmal wissen Sie gar nicht mehr, was Sie eigentlich wollten. Das ist äußerst verwirrend für Ihre Mitmenschen und verführt manchen dazu, Sie zu manipulieren.

Wer nicht weiß, was er will, dem sagen schnell mal andere, was er wollen sollte. Sich ständig neu auszurichten kann auch dazu führen, dass man in die Irre geht. Überprüfen Sie einmal, ob das, was Sie tun, wirklich durch Sie initiiert wurde oder ob Sie nicht vielleicht fremde Erwartungen erfüllen, die nur geschickt verpackt sind. Solche falschen Entscheidungen werden die Sie später sicher bereuen. Und das lässt sich vermeiden.

Was will ich und was wollen die anderen – diese beide Fragen sollten Sie sich stellen, bevor Sie sich entscheiden. **Und versuchen Sie dann öfters mal, bei einer Entscheidung zu bleiben.** Eine klare Richtung schärft Ihren Blick für das Wesentliche und schützt Sie außerdem davor, fremdgesteuert zu werden. Eine klare Linie tut Ihrer Spontaneität keinen Abbruch. Im Gegenteil: Sie wird Ihnen helfen, Ihre Einfälle und Ideen zu filtern und zu konkretisieren.

Überwiegend d: Sie grenzen sich nicht deutlich genug ab

Sie haben viel Teamgeist und legen großen Wert auf verbindliche Beziehungen und gegenseitige Unterstützung. Sie sind deshalb hilfsbereit und können einen Schritt zurücktreten, wenn es das Gemeinwohl erfordert. **Auf Sie kann man jederzeit zählen, Sie haben immer ein offenes Ohr.** Das sind wunderbare Eigenschaften, solange andere Ihre Fürsorge oder Hilfsbereitschaft nicht ausnutzen. Doch das kann passieren.

Denn wenn jemand sehr überzeugend oder fordernd an Sie herantritt, lassen Sie sich schon mal überrumpeln und tun dann auch etwas, was für Sie gar nicht gut ist und nur anderen einen Vorteil verschafft. Sie zögern sehr lange, sich von fremden Ansprüchen zu distanzieren, weil Sie nicht wissen, ob das richtig ist oder ob Sie es nicht hinterher bereuen. Denn Sie haben Angst vor Ablehnung und fühlen sich schnell schuldig, wenn Sie jemanden enttäuschen oder eine Erwartung nicht erfüllen.

Vor lauter Schuldgefühlen übersehen Sie dann, dass nur Sie der Verlierer sind und der andere erreicht hat, was er wollte: Er hat Sie manipuliert. **Haben Sie keine Angst, jemandem etwas auszuschlagen. Denn auch Sie haben das Recht, egoistisch zu sein.** Wenn jemand mit einer Erwartung, Forderung oder Bitte an Sie herantritt, dann haken Sie nach und fragen Sie sich, welche Vorteile es dem anderen bringt, und welche Konsequenzen das für Sie hat. Prüfen Sie, ob das Gleichgewicht stimmt.

Was die Schuldgefühle auslöst

Niemand kommt schon mit Schuldgefühlen beladen in dieses Leben. Erst mit der Zeit wachsen wir in ein Netz aus sozialen Beziehungen und Verpflichtungen hinein. Als Kinder bekommen wir einen Wertmaßstab präsentiert, der aber nicht ein Leben lang gültig bleiben muss. Wir sind gefordert, eigene Maßstäbe für richtig und falsch zu entwickeln. Finden Sie heraus, was bei Ihnen so große Schuldgefühle ausgelöst hat, dass Sie lieber auf andere als auf sich selbst hören.

Die Ursachen erkennen und sich befreien

Es gibt die unterschiedlichsten Auslöser und Ursachen dafür, dass jemand sich nicht traut, seine eigenen Wünsche zu erfüllen, seinen eigenen Weg zu gehen, ohne ein schlechtes Gewissen zu haben. Wenn Sie erkennen, wo der Ursprung für Ihre Schuldgefühle liegt, können Sie Manipulationen aufdecken und sich von den fremden Erwartungen befreien.

Forderungen

Mutter und Vater haben sich aufgeopfert und alles getan, damit »die Kinder es einmal besser haben«. Wenn solche und ähnliche »Liebesdienste« mit Erwartungen gekoppelt sind, liegt ein falscher Egoismus zugrunde: Ich habe dies für dich getan, jetzt musst du das für mich tun. Nein, das müssen Sie nicht!

Wann fühlen Sie sich verpflichtet, etwas für einen anderen Menschen zu tun, nur weil dieser das als Ausgleich fordert?

Vorwürfe

»Nie hast du Zeit für mich« oder: »Du vernachlässigst mich«, lauten manchmal Vorwürfe von Ehe- oder Liebespartnern, die ein schlechtes Gewissen auslösen können. Dabei stellt sich jedoch die Frage, ob der Vorwurf gerechtfertigt ist oder ob sich dahinter vielleicht eher Forderungen an Sie verbergen. Nicht der Partner entscheidet über Ihre Zeit und wie Sie diese einzusetzen haben, sondern Sie selbst.

Mit welchen Vorwürfen sehen Sie sich häufig konfrontiert? Welche Schuldgefühle lösen sie in Ihnen aus?

Erwartungen

»Wir müssen ein Umsatzplus von zwanzig Prozent erreichen!« Mit solchen oder ähnlichen Erwartungen sehen wir uns häufig im Beruf konfrontiert. Die Folge: Wir arbeiten länger, härter und leisten mehr, um das Ziel zu erreichen. Doch wir sollten uns dabei fragen, ob wir uns die fremden Ziele wirklich zu eigen machen möchten, und wenn ja, was wir davon haben. Vor allem dann, wenn wir die Erwartungen anderer verinnerlichen und alles daransetzen, diesen gerecht zu werden.

Stellen Sie sich einmal die Frage, was Sie für andere Menschen tun und warum. Listen Sie hier auf, welche fremden Ziele Sie sich zu eigen gemacht haben:

Gruppenzwang

»Was werden die anderen dazu sagen?« Es beschränkt uns in unserer Freiheit, wenn wir uns den Vorstellungen einer Gruppe beugen. Dabei ist nicht entscheidend, wie groß die Gruppe ist. Es kann eine Familie, eine Hausgemeinschaft oder ein ganzes Land sein. Normen wie »In unserer Familie wird jeder Arzt« oder: »Ab zehn Uhr abends muss die Haustür verschlossen sein«, oder: »Fleisch ist ungesund«, die in einer Gruppe als gut, richtig und erstrebenswert gelten, müssen noch lange nicht für Sie von Bedeutung sein.

Kennen Sie den Gruppenzwang? Schreiben Sie auf, was nicht sein darf, weil man das in einer Gruppe nicht tut:

Normen

»Ich würde so gerne mal Sex in der freien Natur haben, aber das tut man ja nicht. Was wäre, wenn wir entdeckt würden!« Moralische Zwänge oder religiöse Regeln haben eine sehr starke Kraft, um Schuldgefühle auszulösen. Denn tief verwurzelte Glaubenssätze lassen sich nur schwer wieder über Bord werfen.

Gibt es moralische Vorstellungen, die Ihren innersten Wünsche zuwiderlaufen? Welcher Moral opfern Sie welche Wünsche? Notieren Sie hier Ihre »unmoralischen« Wünsche und gegen welche »Moral« sie verstoßen:

Unsicherheit

»Ich möchte Weihnachten nicht zu Hause mit der ganzen Familie, sondern allein oder zu zweit im Urlaub am Strand verbringen. Aber ich traue mich nicht, diesen Wunsch zu äußern.« Menschen, die Schwierigkeiten haben, sich selbst und damit ihre Wünsche durchzusetzen, wurden oft als Kinder zu diesem Verhalten erzogen: Sie bekamen nur Zuwendung von den Eltern, wenn sie brav und angepasst waren. Es war ein Handel: Für jedes Ja gab es Liebe. Dieses Verhaltensmuster hat sich tief eingegraben und manche handeln auch als Erwachsener noch so.

Machen Sie oft Zugeständnisse, weil das von Ihnen erwartet wird? In welchen Situationen oder bei welchen Menschen trifft dies zu? Notieren Sie hier solche Zugeständnisse und die Gründe dafür:

Autoritäten

Politik, Kirchen, Lehrer, Polizei oder Banken – Institutionen und Autoritäten stellen Regeln auf, nach denen wir leben sollen: Wir wollen ja nur euer Bestes, lautet die Parole, doch dahinter stehen klare Erwartungen. Und wenn wir diese nicht erfüllen oder gar dagegen verstoßen, dann werden wir verstoßen. Doch wir sollten niemals Regeln ungefragt übernehmen, da wir die Motivationen der Autoritäten nicht kennen. Wer außer uns selbst kann wissen, was das Beste für uns ist?

Welchen Autoritäten glauben Sie und warum? Bei welchen allgemein gültigen Regeln würde ein Verstoß Ihnen Schuldgefühle machen? Schreiben Sie auf, welche Autoritäten Sie respektieren und die Gründe dafür:

Setzen Sie sich an die erste Stelle

Da Schuldgefühle uns meistens nur blockieren und nicht weiterbringen, ist es für ein gutes Leben unverzichtbar, sich davon zu befreien und sich über die eigenen Bedürfnisse klar zu werden. **Erlauben Sie sich, ein Egoist zu sein** und selbstbewusst Ihren Weg zu gehen. Schließen Sie Kompromisse nur, wenn Ihnen danach zumute ist und Ihnen die Folgen bewusst sind. Und wenn jemand mit Erwartungen auf Sie zukommt, dann stellen Sie sich zuerst die beiden Fragen: **Was hat das mit mir zu tun?** Was habe ich davon?

Übernehmen Sie für sich die Verantwortung!

Es gibt täglich viele Anlässe, um bei sich selbst Schuldgefühle zu mobilisieren oder von anderen Vorwürfe zu hören, wie: »Wie konnte ich das nur vergessen!«, oder: »Wie konntest du mich nur vergessen?« Wir fühlen uns schuldig und dieses negative Gefühl kann unterschiedlich intensiv sein: Manchmal ist es nur sehr schwach und wir können es verdrängen, manchmal baut sich aber auch ein ungeheurer Druck in uns auf. Dann nagt es an uns, liegt uns auf der Seele und im Magen, erschlägt uns regelrecht, erzeugt Niedergeschlagenheit oder lähmt uns bis hin zur Depression. »Das hätte nicht passieren dürfen«, lauten dann die (Selbst-)Vorwürfe. Lassen Sie es nicht so weit kommen, dass andere so viel Macht über Sie gewinnen!

Ego-Strategie Nr.1: Entlarven Sie Manipulationen

Aussagen wie: »Das geht nicht, das kannst du mir nicht antun«, oder: »Haben Sie sich das auch gut überlegt?«, sind meistens der Versuch, Sie zu manipulieren. Schauen Sie sich genau an, was derjenige, der das sagt, von Ihnen möchte. Vielleicht versucht hier jemand ganz geschickt, Sie an etwas zu hindern, was ihm nicht passt, oder Sie zu etwas zu bewegen, was für ihn Vorteile hat.

Sie wollen schlanker sein, schaffen es aber nicht, weniger zu essen. Warum müssen Sie denn schlank sein? Wer fordert das? Ist das Ihr Wunsch oder der Ihres Partner oder fordert es die Mode? Klären Sie, was hinter dem Wunsch steckt. Vielleicht will der Partner Sie nur nach seinen Wünschen (ver-)formen? Finden Sie heraus, was hinter Ihren Wünschen steckt. Dann können Sie Ihre wahren Träume deutlich erkennen und klar von Manipulationsversuchen durch andere Menschen abgrenzen.

Ego-Strategie Nr.2: Schalten Sie die Selbstzweifel aus

Wenn wir im Fernsehen Hochleistungssportlern zusehen, können wir viel über das Leben lernen, denn der Wettkampf präsentiert uns Höhen und Tiefen eines Lebens in sehr verdichteter Form. Sind die Sportler erfolgreich, werden sie gefeiert, versagen sie jedoch, werden sie mit Kritik überhäuft. Die Sportler müssen diese Kritik ertragen, sich mit ihren Fehlern und Schwächen auseinandersetzen und die Probleme auf den Punkt bringen. Vor allem aber müssen sie weiterhin auf sich selbst vertrauen, unbeirrt ihren Weg gehen, Rückschläge annehmen, sie als Herausforderung ansehen und nicht den Kopf in den Sand stecken. Statt von Schuldgefühlen blockiert zu werden, weil sie die hohen Erwartungen nicht erfüllt haben, blicken sie nach vorne.
Erfolgreiche Sportler lassen sich nicht durch Schuldgefühle oder Versagensängste bremsen. Sie denken einfach nicht daran, was passiert, wenn sie einen Fehler machen. Das Scheitern wird schlicht ausgeblendet, dafür steht das Positive im Vordergrund, sie konzentrieren sich auf die Sache. Gleiches gilt für den Umgang mit Rückschlägen oder Kritik. Sie hören sich an, was andere denken, und bilden sich dann ein eigenes Urteil. Sie akzeptieren Rückschläge als neue Herausforderung und versuchen, es beim nächsten Mal besser zu machen.

Ego-Strategie Nr.3: Wehren Sie sich gegen Schuldzuweisungen

Schuldzuweisungen von unseren Mitmenschen sind so verbreitet, weil sie immer eine Entschuldigung enthalten: »Deinetwegen habe ich wieder Depressionen bekommen.« Wenn Sie an etwas schuld sind, dann ist es der andere nicht. Wenn Sie den Partner nicht glücklich machen, ist er

nicht selbst für sein Unglück verantwortlich. Damit lässt sich die Verantwortung wegschieben. Ein weiterer Grund für Schuldzuweisungen ist, dass die meisten Menschen schon in der Kindheit die Erfahrung gemacht haben, wie schrecklich es ist, an etwas schuld zu sein. Vor allen anderen als Übeltäter dazustehen, bestraft oder nicht mehr geliebt zu werden, das möchte niemand gerne erleben.
Schauen Sie darum genau hin, wenn jemand Sie zum Sündenbock macht. Wenn Sie einen Anteil daran haben, dann akzeptieren Sie diesen, aber lassen Sie sich keine Schuld einreden, wo Sie keine haben.

Ego-Strategie Nr.4: Stehen Sie zu Ihren Entscheidungen

Wer sich von Erwartungen anderer und den damit verbundenen Schuldgefühlen befreien will, muss Verantwortung übernehmen, wenn es darauf ankommt. Entscheiden Sie sich für das, was Sie wollen, und bleiben Sie dann dabei. Verfolgen Sie Ihr Ziel mit allen Kräften. Ob das schwierig wird oder nicht, ob eine Anforderung hoch ist oder nicht, lässt sich selten von vornherein sagen. Oft geht man an eine vermeintlich schwierige Sache heran und stellt dann überrascht fest, dass es sehr viel einfacher ist, als man dachte. Auf der anderen Seite sind viele schon gescheitert, weil sie dachten, sie könnten etwas aus dem Handgelenk schütteln, und dann war es doch weitaus schwieriger. Ob die Herausforderung niedrig oder hoch sein wird, spielt also keine Rolle, dies wird sich ohnehin erst beim Tun herausstellen. Entscheidend ist, sich der Anforderung voll und ganz zu stellen. Deswegen machen Sieger das, was sie tun, so gut wie möglich, egal ob es am Ende leicht- oder schwergefallen ist.

Ego-Strategie Nr.5: Werden Sie authentisch

Authentisch zu sein bedeutet, seine Persönlichkeit mit allen Stärken und Schwächen, allen Ecken und Kanten zu leben. Innen und außen stimmen überein. Jemand, der authentisch ist, wirkt auf seine Mitmenschen glaubwürdig, weil seine Einstellungen sich sowohl in Worten als auch in Taten widerspiegeln. Wer hingegen Versprechungen macht, die er nicht einhält, große Reden schwingt, aber nichts umsetzt, sich selbst in den Vordergrund stellt und seine eigenen Fehler leugnet, ist unglaubwürdig.

Er braucht sich nicht zu wundern, wenn andere ihn und das, was er sagt, nicht mehr ernst nehmen.
Bringen Sie also Ihre Worte und Taten in Einklang. Stehen Sie zu Ihren Schwächen, lernen Sie, über sich selbst zu lachen. Dann fällt es Ihnen auch leichter, anderen ihre Fehler zu verzeihen. Niemand ist perfekt! Wichtig ist, dass wir uns so annehmen, wie wir sind, auch wenn wir gerne anders sein würden.
Überprüfen Sie immer wieder Ihre innere Einstellung. Bleiben Sie beweglich, offen und interessiert in Gesprächen. Bilden Sie sich eine eigene Meinung, die Sie vertreten, aber anderen nicht aufdrängen. Sie dürfen ruhig auch unangenehme Gefühle haben, müssen nicht jeden Menschen mögen. Authentisch sein, heißt auch, realistisch sein. Nicht das, was sein könnte oder sein sollte, zählt, sondern das, was ist, und so, wie es ist.

Ego-Strategie Nr.6:
Befreien Sie sich von den Schuldgefühlen

Schuldgefühle sind ein starker Widerstand, der uns dazu bringt, fremde Erwartungen zu erfüllen und die eigenen Wünsche zurückzustellen. Wenn Sie oft unter Schuldgefühlen leiden, dann sollten Sie den Grund dafür herausfinden.

Wann haben Sie sich schuldig gefühlt?

Versuchen Sie sich daran zu erinnern, in welchen Situationen Sie sich richtig schuldig gefühlt haben und warum. Gehen Sie dazu weit zurück, bis in die Kindheit. In diesen Erinnerungen liegt eine Botschaft, die Sie heute noch hören, die Ihnen heute noch Schuldgefühle verursacht. Listen Sie auf, was Ihnen dazu einfällt (z. B. als ich den Geburtstag meiner Mutter vergessen hatte und sie mich tagelang mit Missachtung strafte, als ich mit dem Auto zu schnell gefahren bin und geblitzt wurde etc.).

Sich bewusst werden, seit wann wir uns mit Schuldgefühlen herumschlagen und welche Ereignisse diese auslösen, kann dabei helfen, sich davon zu befreien.

Wer kann Ihnen Schuldgefühle bereiten?

Wenn Sie sich an die Auslöser erinnert haben, wird Ihnen auch klar, wer Ihnen Schuldgefühle bereiten kann. Welche Menschen verstehen sich denn besonders gut darauf, Ihnen ein schlechtes Gewissen zu machen? Notieren Sie hier die Namen und wenn möglich den Grund (z. B. mein Partner, weil er von mir erwartet, dass ich immer für ihn da bin, meine Eltern, weil sie mich öfters sehen wollen, etc.).

Sich darüber klar werden, welche Menschen mit welchen Erwartungen an uns herantreten, ist ein wichtiger Schritt aus den Schuldgefühlen heraus. Denken Sie immer daran: Wir sind nicht auf dieser Welt, um fremde Erwartungen zu erfüllen!

Welche negativen Folgen erwarten Sie?

Jetzt kennen Sie einige Auslöser und haben sich bewusst gemacht, welche Menschen Ihnen Schuldgefühle bereitet haben oder immer noch vermitteln. Finden Sie nun heraus, mit welchen »Strafen« Sie eigentlich rechnen. Wer versucht, die Erwartungen der andern zu erfüllen, übersieht dabei leicht, dass er selbst Bedürfnisse hat, die meist zu kurz kommen. Doch Gedanken wie: »Wenn ich die Erwartungen nicht erfülle, dann enttäusche ich jemanden, könnte das Nachteile für mich haben, könnte ich das später bereuen, mögen mich die anderen nicht mehr, werde ich nicht mehr gefragt« etc. vertuschen die Wahrheit. Malen Sie sich einmal aus, was passieren könnte, wenn Sie den Erwartungen nicht entsprechen, wenn Sie zum Beispiel Ihre kranke Mutter nicht jeden Tag besuchen oder mit Ihrer Freundin statt mit Ihrer Familie in Urlaub fahren.
Schreiben Sie auf, wie die Menschen Ihrer Meinung darauf im schlimmsten Fall reagieren würden (z. B. meine Mutter würde mich als undankbar

beschimpfen und sich von mir abwenden, man würde mich als Rabenmutter bezeichnen etc).

Sich diese möglichen »Strafen« klarzumachen zeigt, dass es vor allem Ängste vor den Folgen sind, die uns daran hindern, so zu leben, wie wir wollen.

Welche positiven Folgen sind vorstellbar?

Und nun überlegen Sie, was im Idealfall passieren könnte. Drehen Sie Ihre negative Annahme ins positive Gegenteil um. Wenn Sie das tun, was Sie für sich richtig und wichtig finden, was könnte dann als beste Möglichkeit eintreten (z. B. meine Eltern würden sich freuen, dass ich mich endlich abgenabelt habe, mein Partner würde sich ein schönes Wochenende mit den Kindern machen etc.)?

Wer von Schuldgefühlen belastet ist, hat immer eine Strafe im Hinterkopf. Sich einmal andere Reaktionen vorzustellen kann zu einer positiveren Grundhaltung ermuntern. Scheuen Sie nicht davor zurück, sich das zu nehmen, was Sie brauchen.

Wann haben Sie den Schuldgefühlen getrotzt?

Zum Abschluss überlegen Sie nun, wann Sie den Schuldgefühlen einmal erfolgreich getrotzt haben. In welcher Situation haben Sie sich nicht von Schuldgefühlen lähmen lassen, sondern haben sich egoistisch verhalten? Das können auch unbedeutende Begebenheiten gewesen sein (z. B. ich habe einen Freund nicht wie sonst zum Essen eingeladen, sondern mich von ihm bekochen lassen etc.).

Sich vor Augen zu führen, dass man durchaus in der Lage ist, auch einmal den fremden Erwartungen zu trotzen, stärkt das Selbstvertrauen für künftige Situationen.

Kennen Sie Egoisten?

Gibt es Menschen, die in Ihren Augen nur das tun, was sie auch wirklich tun wollen? Notieren Sie Namen von möglichen Egoisten und warum diese Ihnen ein Vorbild sein könnten (z. B. mein Partner, weil er sich immer genug Zeit für seine persönlichen Hobbys nimmt, meine Eltern, weil sie unabhängig sind, etc.).

Es gibt immer Beispiele in unserem Umfeld, die uns zeigen, wie es auch anders gehen kann. Sich diese andere Haltung vor Augen zu führen kann dabei helfen, einen anderen, neuen Weg einzuschlagen. Denn was andere können, können Sie auch!

Ego-Strategie Nr. 7: Erfüllen Sie sich nun einen eigenen Wunsch

Nachdem Sie Erwartungen und die dazugehörigen Schuldgefühle identifiziert haben, können Sie diese beiseiteschieben und sich einem Ihrer Herzenswünsche ohne schlechtes Gewissen zuwenden. Verabschieden Sie sich von den an Sie herangetragenen Fremdwünschen und setzen Sie sich an die erste Stelle.

Mithilfe des Wunschprogramms (siehe Seite 18) werden Sie Ihren Wünschen Kraft geben. Träumen Sie also nicht nur, sondern leben Sie nach Ihrem Gusto. Stellen Sie zuerst noch einmal fest, was Sie nicht wollen: ständig fremde Erwartungen erfüllen, wie zum Beispiel sich um die Eltern kümmern, und Schuldgefühle bekommen, wenn Sie die Erwartungen nicht erfüllen. Finden Sie dann heraus, was Sie stattdessen wollen: Ohne schlechtes Gewissen Ihre eigenen Ziele verfolgen wie zum Beispiel mehr Zeit für sich selbst haben. Füllen Sie nun diesen Wunsch mit den entsprechenden guten Gefühlen: Wann haben Sie eine ähnliche Situation bereits erlebt? Erinnern Sie sich daran, wie gut Sie sich damals gefühlt haben, und verankern Sie dieses positive Gefühl. Nun öffnen Sie sich für die Erfüllung Ihres Traums.

Ego-Strategie Nr.8: Schreiben Sie Ihren Wunsch in das Tagebuch

Wie Sie festgestellt haben, sind Schuldgefühle ein großes Hindernis auf dem Weg zur Selbstverwirklichung. Nehmen Sie sich die Freiheit, Ihr eigenes Leben zu leben – nicht ohne Rücksicht auf Verluste, aber durchaus egoistisch. Natürlich sollten Sie bei allem, was Sie tun, auch die Auswirkungen auf Ihre Mitmenschen bedenken. Aber entscheiden Sie mit diesem Wissen dann für sich, mit aller Konsequenz und ohne schlechtes Gewissen.

Ihr Tagebuch kann Ihnen dabei helfen, die geplanten Wünsche und Veränderungen durchzusetzen. Wenn Sie Ihre Wünsche aufschreiben, werden sie Ihnen bewusster. Und wenn Sie sich verändern, verändert sich automatisch auch Ihr Umfeld. Doch nicht jeder Zeitgenosse wird Sie selbstlos auf Ihrem Weg unterstützen. Das Leben nimmt die inneren Entwicklungen mit kleinen Prüfungen unter die Lupe. Nehmen Sie aufmerksam wahr, wer sich auf Ihrem neuen Weg als Helfer oder wer sich als Bremser erweist. Wer auf Ihre Kosten gelebt hat, wird Ihre Ablösung nicht gutheißen – aus purem Egoismus. Wenn Ihnen jemand mit Vorwürfen begegnet und versucht, Ihnen Schuldgefühle einzureden, dann fragen Sie sich: »Was hat er davon, wenn alles so bleibt, wie es ist?« Es ist wichtig, sich klarzumachen, wann wir eine Manipulation als solche erkannt und abgewehrt haben. Es stärkt den Egoismus, seine eigenen Interessen wahrzunehmen, statt immer nur die der anderen.

Ergänzen Sie Ihr Tagebuch also um folgenden Punkt:

- Wann bin ich heute trotz meiner Gewissensbisse und Schuldgefühle über meinen Schatten gesprungen und habe egoistisch gehandelt?

stop!

Raus aus der Neidfalle

go!

und den eigenen Wert erkennen

Wir beneiden andere nie um Schlechtes. **Es ist das Gute,** was wir auch **gerne hätten.** Wer dieses Gefühl bei sich wahrnimmt und es nicht leugnet, dem enthüllt es eine geheime Botschaft. **Neid zeigt** uns deutlicher als andere Gefühle, **was wir verändern müssen,** um mehr aus unserem Leben zu machen. Verharren Sie nicht länger in der Neidfalle, sondern **nutzen Sie die Schubkraft,** um Vorstellungen und Ziele neu zu justieren und eigene Stärken zu mobilisieren.

Was hat er, was ich nicht habe …

Wenn sich der Neidpfeil mit einem Stich ins Herz bohrt, ist das ein Alarmzeichen. Dieses Gefühl verrät nämlich unsere geheimen Wünsche, die wir bislang unterdrückt haben. Die Botschaft lautet: Da schlummert etwas in mir, was bisher nicht zum Ausdruck gekommen ist. Deshalb ist dieses Gefühl ein guter Anlass, sich selbst zu hinterfragen: Was will ich eigentlich und was könnte mich zufrieden machen? Das Gefühl von Neid zu nutzen, um seine eigenen Bedürfnisse zu erkennen, ist ein unverzichtbarer Schritt in ein erfülltes Leben.

Zu hohe Erwartungshaltungen

Das Glück anderer stellt uns auf die Probe. Denn Konsum oder Lebensumstände können eine Quelle für Unzufriedenheit sein und Neid wecken. Es fällt schwer, zufrieden zu sein und zu bleiben, wenn wir das Gefühl haben, dass andere etwas haben, was wir nicht oder nie bekommen. Wir leben nun einmal in einer Gesellschaft, die Neid aktiviert: Theoretisch gibt es alles, aber in der Praxis können das nur manche haben. Die meisten müssen sich mit weniger oder auch sehr wenig begnügen. Da können Sie noch so charakterfest sein – es ist nicht einfach, die eigene Zufriedenheit dagegen zu verteidigen.

Als Single beneiden wir Paare um ihre Zweisamkeit, als Verheiratete die Freiheit der Singles. Oder es ärgert uns, dass anderen scheinbar manches leichter von der Hand geht, was wir uns nur unter Mühen abringen können. Die Liste lässt sich endlos fortsetzen. Mitmenschen glücklich und zufrieden zu sehen kann hart sein. Und je höher unsere Erwartungshaltung ist, umso weniger macht uns das zufrieden, was wir haben.

Das Eigentümliche an diesem Gefühl ist jedoch, dass wir andere weniger um ihren Besitz beneiden, sondern vielmehr um das Selbstwertgefühl, das hinter dem Erfolg, Liebesglück, Ansehen und Zufriedenheit steht. Und darin liegt die Chance. Es ist vielleicht aussichtslos, in diesem Leben noch Millionär zu werden, aber es liegt in greifbarer Nähe, auch ohne die Millionen glücklich und zufrieden zu werden. Neid hat also etwas mit unserem Blickwinkel zu tun, und der lässt sich neu justieren. Fragen Sie sich: Worauf richten Sie Ihr Augenmerk und warum?

Neid hat viele Seiten

Neid überfällt uns ohne Vorwarnung und aktiviert weitere unangenehme Gefühle. Es entsteht ein emotionales Gemisch aus Wut und Enttäuschung. Da wir jedoch gelernt haben, dass diese Gefühle nicht offen gezeigt werden dürfen, tritt der Neid verschleiert zutage. Die harmlose Form kann sich hinter Bewunderung verstecken, die aber keine echte Freude über das Glück, das Können oder den Erfolg eines anderen Menschen enthält. Sie kann aufgesetzt sein und auch gönnerhaft wirken: »Na ja, wurde ja auch langsam Zeit.«

Wird das Gefühl stärker, lässt es sich schwieriger kontrollieren. Dann verrät es sich in kleineren oder größeren Spitzen, die den Erfolg des anderen herunterspielen sollen: »Du hast ja toll abgenommen, aber im Gesicht macht dich das irgendwie älter.« Nimmt die Wut überhand, wird sich der Neider aggressiv bemerkbar machen. Er ist dann zu keiner Anerkennung mehr fähig. Eine schlimme Form ist es, die Freude zu zerstören, indem man alles, was ein anderer kann oder erreicht hat, einfach totschweigt. Das ist die dunkle Seite dieses Gefühls. Und deshalb ist es heilsam und befreiend, diese Gefühlsfalle zu verlassen.

Der Neidfalle entkommen

Wegschauen oder Verdrängen vertreibt den Quälgeist nicht. Wer ihn spürt und das Gefühl nicht leugnet, dem bietet sich auch eine Chance: Dann kann Neid den Weg in Richtung mehr Zufriedenheit weisen. Und damit hat das negative Gefühl auch eine positive Seite: Es enttarnt geheime Botschaften. Versteckte Wünsche werden klar, der Kampfgeist wächst und eigene Stärken kommen zum Vorschein. Was brauchen Sie also, um aus der Neidfalle zu kommen? Etwas Mut, um den Blick in die eigenen Untiefen und auf das Neue zu wagen.

Wer glaubt, zu kurz gekommen zu sein

Eine Umfrage von TNS Emnid Mediaforschung ergab 2005, dass zwei von drei Deutschen neidisch auf das Glück anderer sind. Zwei Drittel der Deutschen bekannten sich in der Umfrage zu ihren Neidgefühlen. Dabei ging es nicht in erster Linie um materiellen Besitz. 61 % der männlichen Befragten gaben zu, auf das Glück anderer Menschen neidisch zu sein, bei den Frauen waren es 42 %. Jede zweite Frau sagte, beim Anblick einer jüngeren oder schöneren Geschlechtsgenossin Missgunst zu spüren, bei den Männern waren dies 35 % Jeder dritte Mann ist laut Umfrage neidisch auf den Erfolg anderer im Beruf, während er selbst nicht weiterkommt oder weniger verdient. Bei den Frauen waren dies 23 %. Knapp ein Drittel aller Befragten missgönnt anderen ihr Auto, Haus und andere Besitztümer, weil sie sich selbst mit weniger begnügen müssen. Eine harmonische Partnerschaft löste bei 22 % der Männer und bei 16 % der Frauen Neid aus. Jeder fünfte Befragte hatte Probleme mit der Beliebtheit eines anderen Menschen, bei dessen Anblick er sich wie ein Mauerblümchen vorkommt. 11 % beneiden andere um ihre Gesundheit, 7 % um ihre wohlgeratenen Kinder, weil ihre eigenen ihnen »nur auf der Nase herumtanzen«.

Schlüpfen Sie aus der Neidfalle

Unserem Wollen und Streben sind Grenzen gesetzt. Doch auch wenn wir nicht alles erreichen können, sind wir nicht weniger wert als andere und ist unser Leben nicht schlechter als das der anderen. Wenn wir immer nur mehr wollen, übersehen wir das Gute, das uns umgibt. Wenn wir jedoch nicht mehr ständig danach schauen, was uns fehlt, sondern wertschätzen, was wir sind und was wir haben, können Zufriedenheit und Glück in unser Leben einziehen: Wollen, was man hat, und nicht immer haben wollen, was man nicht hat – so lautet die Geheimformel!

Das »false hope syndrome«

Angesichts der unerschöpflichen Möglichkeiten, die wir heute haben, verfallen wir leicht in den Glauben, dass erst das Erreichen eines bestimmten Ziels oder der Besitz einer gewissen Sache uns zufrieden macht. Wenn ich das habe oder das erlebt habe, dann bin ich zufrieden und glücklich. Die Werbung macht dabei kräftig mit: Mein Haus, mein Auto, mein Garten … Diese überzogene Erwartungshaltung verstellt uns jedoch den Blick für das Eigentliche. Dieses Phänomen heißt »false hope syndrome« – zu Deutsch: »Falsche-Hoffnung-Syndrom«. Es hat zur Folge, dass wir uns über das, was wir erreicht haben, nicht freuen können, wenn es unter unseren Erwartungen bleibt. Dabei ist die Erwartungshaltung so überzogen, dass sie kaum erfüllt werden kann. Wir setzen die Messlatte so hoch an, dass wir daran scheitern müssen.

Das Prinzip der falschen Hoffnung

Janet Polivy und Peter Herman, Psychologen an der University of Toronto, haben festgestellt, dass falsche Hoffnungen blind machen für die tatsächlichen Erfolge, wenn diese bescheidener ausfallen. Die Wissenschaftler hatten in einer Studie mit übergewichtigen Frauen untersucht, wie diese einen erreichten Gewichtsverlust beurteilen würden. Die befragten Frauen gaben zu Protokoll, dass sie nur einen Gewichtsverlust von 25 Kilo für akzeptabel hielten. Nach der anschließenden Diät wurden die Antworten überprüft. Und wirklich: Nach einem durchschnittlichen Gewichtsverlust von 16 Kilogramm war fast die Hälfte der Frauen enttäuscht. Die überzogenen Erwartungen hatten zur Folge, dass die nicht unerhebliche Leistung, 16 Kilo abgenommen zu haben, nicht als positiv empfunden wurde.

Der »Wenn – dann«-Irrtum

Das »false hope syndrome« hat noch eine weitere Folge: Gekoppelt an die überzogenen Erwartungen, glauben wir, dass eine Veränderung in einem Lebensbereich sich auch positiv auf weitere Lebensbereiche auswirken muss. So glauben Übergewichtige oftmals, sobald sie abgenommen hätten, würde automatisch der Traummann bzw. die Traumfrau auftauchen. Oder Menschen gehen davon aus, dass nach einer Trennung vom Partner alle Probleme schlagartig verschwunden sind. Diese erwarteten Folgen bleiben natürlich aus und so ist man enttäuscht. Die Motivation zur Veränderung sinkt auf den Nullpunkt und der alte Trott stellt sich wieder ein. Wer mit der Einstellung »Ich will alles und noch mehr« an die Dinge herangeht, programmiert damit sein Scheitern.

Mut zur Wahrheit

Die beste Art, mit dem Neid umzugehen, ist, ihn wahrzunehmen, aber sich nicht neidisch zu verhalten. Erkennen Sie den Neid, geben Sie ihn zu, forschen Sie nach den Ursachen und besinnen Sie sich schließlich auf Dinge, über die Sie sich freuen können.
Es gehört Mut dazu, der Wahrheit ins Gesicht zu blicken. Der Blick auf die eigenen Schattenseiten ist unangenehm, aber er eröffnet die Möglichkeit, das Problem anzugehen und nach Lösungen zu suchen. Wer in sich hineinsieht und wahrnimmt, wonach er sich sehnt, kann damit beginnen, seine Wünsche zu realisieren.

Sich mit dem Neid auseinandersetzen

Um Neid konstruktiv zu nutzen, müssen Sie den Wünschen, die sich dahinter verbergen, auf den Grund gehen. Finden Sie heraus, was Sie sich wünschen, und überlegen Sie, was Sie zu tun bereit sind, sich diese Wünsche zu erfüllen.
Dazu stellen Sie sich drei Fragen.
Frage 1: Worauf bin ich neidisch? Ist es die gute Beziehung, die ein Paar führt, sind es die Kinder, die jemand hat, ist es das viele Geld, das tolle Auto oder das große Haus, das jemand besitzt, sind es die interessanten Reisen oder ein spannender Job, den ein anderer macht? Was ist tatsächlich das Objekt meines Neides? – Das ist das, war mir fehlt.
Frage 2: Mache ich eigentlich genug aus meinem Leben? Tue ich alles dafür, um das zu bekommen, was ich dem anderen neide? Oder warte ich darauf, dass mir einfach alles in den Schoß fällt?
Frage 3: Bin ich bereit, den Preis zu bezahlen für das, was ich haben möchte? Würde ich für mehr Geld oder Besitz auch mehr arbeiten? Würde ich mich für eine bessere Beziehung mehr mit dem Partner beschäftigen oder im Ernstfall eine Trennung durchziehen? Würde ich mich mehr in meinem Beruf engagieren, mich weiterbilden oder eventuell kündigen und nach etwas Neuem suchen?

Erlauben Sie sich Ihre Träume

Viele unserer Träume werden mit dem Etikett »unmöglich«, »verrückt« oder »zu egoistisch« versehen und damit abgewürgt. Die Folge: Wir werden allmählich neidisch, weil wir unsere Träume erstens nicht zulassen und zweitens nicht möglich machen. Aber was spricht wirklich dagegen, von Glück, Zufriedenheit, Freiheit, Erfüllung und Unabhängigkeit zu träumen? Niemand außer Ihnen selbst hat das Recht, Ihre Träume zu bewerten. Geben Sie Ihrer Fantasie deshalb freien Raum, sich zu entfalten, und häufen Sie nicht schon im Kopf Schuldgefühle an. »Unmöglich« heißt nur: Ich habe Angst, ich traue mir etwas nicht zu oder ich will nicht wirklich viel dafür tun. »Verrückt« bedeutet lediglich: Wir zensieren einen Traum anhand fremder Maßstäbe. Wer sagt, was »normal« und was »verrückt« ist? Sprengen Sie diese scheinbaren Grenzen! Das gilt auch für das Argument »zu egoistisch«. Egoismus wird meistens negativ bewertet und mit Rücksichtslosigkeit und Selbstsucht gleichgesetzt. Doch gesunder Egoismus bedeutet einfach, seine eigenen Bedürfnisse zu beachten und ernst zu nehmen.

TEST: Selbstwert-Check

Wie steht es um Ihr Selbstwertgefühl?

Es gibt Phasen, da fühlen wir uns rundum wohl in unserer Haut. Es gibt aber auch Zeiten, da empfinden wir uns als zu schwach, dick, hässlich, dumm, langweilig etc. Der Weg zu einem guten Selbstwertgefühl heißt: sich seiner positiven Seiten bewusst werden und die »negativen« Anteile zu akzeptieren. Finden Sie heraus, wie es derzeit um Ihr Selbstwertgefühl steht. Antworten Sie so spontan wie möglich.

1. Ihr Partner wirft einer anderen Frau bzw. einem anderen Mann auffällig interessierte Blicke zu. Sie sehen sich das eine Weile an, bis Sie genug haben. Wie könnte ein Kommentar von Ihnen am ehesten lauten?

a| Die Figur ist okay, aber das Gesicht!
b| Pass auf, dass du nicht blind wirst.
c| Was interessiert dich an dieser Person denn so?
d| Wie kannst du mich nur so verletzen?

2. Sie sind eingeladen und der Gastgeber stellt jeden vor. Die Vorstellung Ihrer Person fällt kürzer aus als die der anderen. Wie fühlen Sie sich?

a| Bei nächster Gelegenheit erzähle ich dem Gastgeber mal etwas über mich.
b| Ich denke, es wird eine Gelegenheit geben, um mit ihm das Gleiche zu machen.
c| Ich bin irritiert über seine Einfallslosigkeit, aber gräme mich nicht.
d| Ich bin den ganzen Abend traurig oder wütend und sehr enttäuscht darüber.

3. Ein Bekannter, dem es finanziell gut geht, gewinnt im Lotto. Was denken Sie?

a| Ich freue mich und gratuliere ihm.
b| Geld allein macht auch nicht glücklich.
c| Wer hat, dem wird gegeben.
d| Das Leben ist immer wieder ungerecht.

4. Eine Kollegin wird überraschend befördert. Welcher negative Gedanke könnte Ihnen als Erstes durch den Kopf schießen?

a| Aber das kann ich doch viel besser.
b| Warten wir ab, ob sie die Erwartungen erfüllt.
c| Was hat sie, was ich nicht habe?
d| Ich möchte nicht wissen, was sie dafür alles getan hat.

5. Sie sind verabredet, aber Ihre Verabredung kommt nicht. Was denken Sie?

a| Das passiert nicht noch einmal.
b| Er bzw. sie hat einfach kein Benehmen.
c| Hoffentlich ist nichts passiert.
d| Er bzw. sie hat mich vergessen.

6. Sie machen eine Bergtour mit einer Gruppe. Der älteste Teilnehmer läuft allen davon. Was tun Sie?

a| Ich lasse einen spöttischen Kommentar über den flotten Methusalem los.
b| Mein Kampfgeist ist geweckt und ich versuche ihn einzuholen.
c| Ich achte nicht weiter auf ihn und laufe mal vorne, mal hinten mit.
d| Ich beklage mich beim Bergführer über diesen egoistischen Ausreißer.

7. Sie haben nach vielen Jahren ein Klassentreffen. Und jeder Zweite erzählt »Mein-Partner-meine-Kinder-mein-Haus-mein-Job«-Geschichten. Was tun Sie?

a| Ich beglückwünsche diejenige Person zu ihrem Erfolg und freue mich, dass sie glücklich ist.
b| Ich bohre nach, um herauszufinden, was hinter der Fassade steckt.
c| Ich erzähle ebenfalls von meinen Erfolgen und Errungenschaften.
d| Ich stelle fest, dass ich das demjenigen gar nicht zugetraut hätte.

8. Sie haben abgenommen, mit dem Rauchen aufgehört oder etwas erfolgreich abgeschlossen. Jemand aus Ihrer Familie ignoriert Ihren Erfolg ganz offensichtlich. Wie reagieren Sie?

a| Ich spreche ihn offen darauf an.
b| Ich nenne ihn einen Neider.
c| Ich sehe einfach darüber hinweg.
d| Ich gehe ihm aus Weg.

9. Sie würden gerne abnehmen, aber es fällt Ihnen schwer. Ein Bekannter taucht auf und hat überraschend viel abgenommen. Wie reagieren Sie?

a| Ich gratuliere ihm, dass er es endlich geschafft hat.
b| Ich will genau wissen, wie er das geschafft hat.
c| Ich gratuliere ihm zu seinem guten Aussehen.
d| Ich frage vorsichtig nach, ob er vielleicht krank ist.

10. Welche Redensart entspricht Ihnen am ehesten?

a| Wer A sagt, muss auch B sagen.
b| Wer zuerst kommt, mahlt zuerst.
c| Wer anderen eine Grube gräbt, fällt selbst hinein.
d| Die Letzten werden die Ersten sein.

Auswertung

Notieren Sie hier, wie oft Sie welchen Buchstaben angekreuzt haben.

a = ... mal **c** = ... mal
b = ... mal **d** = ... mal

Der Buchstabe, den Sie am häufigsten angekreuzt haben, beschreibt, wie stabil Ihr Selbstwertgefühl zurzeit ist. Haben Sie mehrere Buchstaben gleich oft gewählt, lesen Sie alle entsprechenden Beschreibungen.

Überwiegend a: Werden Sie milder, mit sich und mit anderen

Sie sind ein ausgeglichener Mensch und ruhen in sich selbst. Stimmungschwankungen sind Ihnen fremd, Sie kann so leicht nichts erschüttern. Sie erkennen leicht, wann Ihnen Neid entgegenschlägt, und auch in solchen Situationen können Sie sich gut abgrenzen. Deshalb gelingt es Neidern kaum, Sie herunterzuziehen. Wenn Ihnen ein missgünstiger Zeitgenosse übel mitspielen will, wissen Sie sich zu wehren, daher laufen Sie nicht Gefahr, Opfer von Intrigen, Nachreden oder gar Mobbing zu werden. Dazu ist Ihr Selbstwertgefühl viel zu stabil. **Zudem haben Sie ein gutes Bauchgefühl und spüren, ob es jemand gut oder schlecht mit Ihnen meint.**
Aber wie jeder Mensch sind auch Sie nicht ganz frei vor negativen Gefühlen. Auch Sie kennen diesen bohrenden Stich, wenn ein Funken Neid aufflammt. Seien Sie daher ehrlich zu sich und **gestehen Sie sich ein, dass Sie eben auch nur ein Mensch und eben auch mal neidisch sind.** Betrachten Sie die Lebenssituationen, in denen Sie Neid bei sich oder anderen entdecken doch einfach als Übungsfeld, um an dieser Schwäche zu arbeiten. Das wird Ihr gutes Selbstwertgefühl noch mehr stabilisieren.

Überwiegend b: Erwarten Sie nichts oder weniger von anderen

Spontane Entschlüsse und überstürzte Veränderungen entsprechen nicht Ihrem Naturell. Was Sie ins Auge gefasst haben, das steuern Sie zielsicher an. Und dann kann Sie nichts so leicht von Ihrem Weg abbringen. Dies ist Ihre Stärke und die Basis für Ihr gutes Selbstwertgefühl. **Was Sie sich einmal vorgenommen haben, verfolgen Sie konsequent zu Ende.** Sie halten sich an die Regeln, erwarten das aber auch von anderen. Treffen Sie allerdings auf Anfeindungen oder Missgunst von außen, dann reagieren Sie äußerst heftig und manchmal verletzend.
Schärfen Sie daher Ihren Blick für die eigentlichen Motive von neidischen Mitmenschen. Dann können Sie sich besser vor solchen Angriffen schützen.
Umgekehrt laufen Sie Gefahr, Ihre Maßstäbe als allgemein gültig zu betrachten. **Aber jeder Mensch ist anders. Gestehen Sie anderen zu, Situationen anders zu erleben und anders darauf zu reagieren.** Denn auch Sie kennen Situationen, in denen Sie Neid fühlen und alles andere als selbstbewusst sind. Erwarten Sie nichts von anderen Menschen, dann können Sie auch nicht enttäuscht werden. Denn Erwartungen sind Vorurteile, die Sie haben und nicht die anderen.

Überwiegend c: Wagen Sie auch mal den Blick in die Untiefen

Sie sind ein spontaner und kreativer Mensch. Sie entwickeln ständig neue Ideen, und das macht Ihr Leben abwechslungsreich und bunt. Da ist wenig Platz für Unzufriedenheit oder ein angeknackstes Selbstwertgefühl. **Auf Negatives wie Neid oder Missgunst reagieren Sie einfach nicht, auch wenn Sie diese Gefühle bei sich oder bei anderen wahrnehmen.** Diese Schattenseiten sind Ihnen suspekt. Nach dem Motto »Was ich nicht weiß, macht mich nicht heiß« verschließen Sie den Blick davor. Anstatt einmal innezuhalten und diese Gefühle zu hinterfragen, laufen Sie einfach weiter.

Aber genau in diesen Untiefen stecken geheime Botschaften. Der Neid anderer kann Ihnen zum Beispiel zeigen, wo Ihre Stärken sind. Und wenn Sie selbst neidisch sind, kann Ihnen das verraten, was Ihnen noch fehlt und woran Sie vielleicht arbeiten sollten.

Immer unterwegs zu sein, bedeutet nicht automatisch, irgendwo anzukommen. Um zu reifen, müssen wir uns mit dem Guten und dem Schlechten auseinandersetzen. **Sich selbst zu hinterfragen bereitet den Boden für wirkliche Veränderung und Entwicklung.** Es wird Ihr Selbstwertgefühl stärken, wenn Sie sich der positiven und negativen Aspekte Ihrer Persönlichkeit mehr bewusst werden.

Überwiegend d: Halten Sie etwas nicht fest, nur weil Sie es kennen

Sie sind ein sensibler Mensch und nehmen die »Schwingungen« Ihrer Umgebung intuitiv auf. Durch Ihr feines Gefühl für andere können Sie sich gut einfühlen. Sie bringen sich intensiv ein in Beziehungen, sind treu und verlässlich. **Ihr Selbstwertgefühl basiert auf Ihrer Sensibilität.** Sie wissen, wer Sie sind, was Sie können und was Sie auszeichnet. Sie halten an vertrauten Menschen oder Gewohnheiten fest, weil Sie das gut kennen und Ihnen das ein Gefühl von Sicherheit gibt – selbst wenn es Ihnen manchmal gar nicht gut tut. Denn je vertrauter Ihnen ein Mensch oder eine Situation ist, umso stabiler ist Ihr Selbstwertgefühl. Deshalb kann Unerwartetes oder Ungewohntes Sie schnell verunsichern und Ihr Selbstwertgefühl erschüttern.

Doch nicht jeder Mensch meint es gut mit Ihnen, nicht jede gewohnte Situation bringt Sie auf Dauer weiter. Setzen Sie daher nicht nur auf Vertrautes und auf Sicherheit. Das Leben hat so viel mehr zu bieten. **Lassen Sie Veränderungen in Ihrem Alltag und Umfeld zu, denn nur dann können auch Sie sich verändern.** Genau diese Erfahrung brauchen Sie, um unabhängiger zu werden. Und das wird Ihr Selbstwertgefühl stärken und stabilisieren. Ein starkes Selbstwertgefühl entspringt aus uns und ist unabhängig von äußeren Einflüssen.

Was uns in der Neidfalle hält

Neid ist auch eine Form der Anerkennung, weil wir damit das, was andere können oder besitzen, als erstrebenswert erachten. Aber nicht alles, über das wir nicht verfügen können, muss unseren wahren Wünschen entsprechen. Deswegen ist es wichtig, den Grund herauszufinden, der uns neidisch werden lässt. Manchmal genügt es schon, diesen zu erkennen, und das negative Gefühl verschwindet von selbst. Wenn nicht, sollten wir dieser geheimen Botschaft aufmerksam lauschen: Sie verrät uns, wovon wir wirklich träumen und warum.

Spüren Sie Ihren Neid auf

Finden Sie heraus, wann, auf wen und worauf Sie neidisch sind. Machen Sie sich Ihre Neidgefühle bewusst und stehen Sie dazu. Sie müssen sie ja nicht in die Welt hinausposaunen – wichtig ist, dass Sie sich selbst das Gefühl eingestehen. Dann können Sie sich damit auseinandersetzen und letztlich davon profitieren.

Ständiges Vergleichen

Sein Auto ist schneller, ihre Beine sind länger, er hat mehr Erfolg. Wir vergleichen uns mit anderen, um uns zu orientieren. Wenn man aber nur noch auf das schaut, was die anderen Tolles haben und erreichen, ruiniert man sein Selbstwertgefühl, weil man sich bei diesem einseitigen Blick fast immer uninteressanter, unattraktiver, ärmer, hässlicher, älter, dümmer fühlt. Wir werden neidisch, wenn wir in einem Vergleich feststellen, dass der andere mehr hat oder darstellt als wir selbst, und haben das Gefühl, wir seien zu kurz gekommen. Einen Menschen, auf den wir neidisch sind, betrachten wir mit einem Vergrößerungsglas und uns selbst dagegen mit einem Verkleinerungsglas. Dieser Blick sollte sich ändern: Wir sind nicht besser oder schlechter als andere, sondern einfach nur anders. Und das ist gut so. Denn wie langweilig wäre dieses Leben, wenn wir alle gleich wären. Profitieren Sie von dem Vergleichen und nehmen es zum Anlass, mehr aus sich und Ihrem Leben zu machen.

Mit wem vergleichen Sie sich? Schreiben Sie auf, wer in Ihren Augen beneidenswert ist und warum das so ist:

Falsche Selbsteinschätzung

Wieso bekommt mein Kollege eine Gehaltserhöhung und ich nicht? Das kann ich doch genauso oder besser … Neid blüht, wenn wir Vergleiche wählen, die auf einer Fehleinschätzung dessen beruhen, was wir können und erreichen können. Wir fühlen uns übergangen, wenn wir nicht gemäß unseren eigenen Möglichkeiten leben. Statt uns als eigenständige Persönlichkeit mit vielen Fassetten wahrzunehmen, schielen wir auf andere, die uns scheinbar übertrumpfen. Der Glaube an sich und an die eigenen Fähigkeiten fördert dagegen das Selbstwertgefühl: anerkennen, was wir sind und was wir tun.

Von wem oder wann fühlen Sie sich übergangen? Wann hatten Sie zum letzten Mal das Gefühl, übergangen worden zu sein:

Unterdrückte Wünsche

Die Freundin bekommt so viel Bewunderung und Anerkennung, worauf bildet sie sich eigentlich etwas ein? Vermutlich bildet sich die beneidete Person gar nichts ein und ahnt nicht, dass sie beneidet wird. Sie tut ja nur das, was sie tun wollte. Es ist der Neider, der sich seine eigenen Wünsche versagt und deshalb diesen Stich verspürt.

Fragen Sie sich: Mache ich eigentlich genug aus meinem eigenen Leben? Was haben oder tun Menschen in meinem näheren Umfeld, was ich mir auch schon lange wünsche? Notieren Sie hier ein paar unerfüllte Wünsche:

Beharrliches Leugnen

Um der Neidfalle zu entkommen, müssen wir uns eingestehen, was uns wirklich antreibt, was die wahren Motive sind, wenn wir über andere urteilen, und dass wir neidisch sind. Das fällt nicht leicht, weil wir wissen, dass wir dieses Gefühl nicht haben sollten. Und deshalb legen wir gerne ein Deckmäntelchen darüber und verhüllen das Gefühl und die wahren Hintergründe. Also leugnen Sie es nicht länger, sondern stehen Sie dazu. Sagen Sie sich: Gut, ich bin jetzt neidisch, aber vielleicht heißt das ja, dass ich in Wahrheit nur nicht genug aus meinem Leben mache? Mit diesem Zugeständnis öffnet sich eine Tür, Sie blicken auf sich und können herausfinden: Was sind denn eigentlich meine eigenen Möglichkeiten und Talente? Denn man ist umso neidischer, je weniger man von sich selbst weiß.

In welchen Situationen versuchen Sie, Ihren Neid zu verleugnen? Schreiben Sie hier auf, wann oder wo Sie neidisch sind, das aber bisher vor sich oder anderen nicht zugeben wollen. Seien Sie dabei möglichst ehrlich.

Hunger nach Anerkennung

Schon als Kind wurden von Ihnen nur gute Schulnoten erwartet. Ihr künstlerisches oder sportliches Talent wurde nie beachtet, es kam nur darauf an, den Ansprüchen Ihrer Eltern zu genügen. Mit der Zeit wurden die individuellen Stärken und Talente verdrängt zugunsten der fremden Leistungsansprüche. So lernen wir, dass wir den Ansprüchen der anderen genügen müssen, um von ihnen anerkannt zu werden. Und wann immer ein anderer Mensch Anerkennung erntet, neiden wir ihm diese, weil wir selbst der Anerkennung so hinterherlaufen. Wer in dieser Gefühlsfalle sitzt, verleugnet permanent das eigene Selbst und läuft den »fremden« Anerkennungsbedingungen hinterher. Und solange wir nicht danach fragen, was wir selbst tun könnten, um mit unseren eigenen Fähigkeiten glücklich zu werden, bleibt das Selbstwertgefühl auf der Strecke. Doch nur wenn wir uns auf uns selbst besinnen, verschwindet das Gefühl des eigenen Unvermögens und damit der Neid.

Fragen Sie sich deshalb einmal selbst, wann Sie alles tun, nur um Anerkennung zu ernten:

Bequemlichkeit

Die Kollegin wird befördert und wir beneiden sie darum. Der Bruder hat ein tolles Auto und das erweckt unseren Neid. Aber warum kitzelt es nicht auch unseren Kampfgeist heraus? Denn einiges, worum wir andere beneiden, könnten wir auch selbst erreichen, wenn wir uns darum bemühen würden. Die Beförderung kam vielleicht zustande, weil die Kollegin einfach mehr gearbeitet und sich weitergebildet hat. Haben wir diese Leistung ebenfalls erbracht? Für sein Auto hat der Bruder vielleicht lange gespart, weil es sein großer Wunsch war. Während wir in Urlaub fuhren, oft ausgegangen sind, hat er Monat für Monat Geld beiseitegelegt. Doch das sehen wir nicht.

Halten Sie hier fest, worum Sie einen anderen beneiden. Dann überlegen Sie, was Sie tun müssten, um das Gleiche zu erreichen, und ob Sie dazu bereit wären.

Erkennen Sie Ihren eigenen Wert

Neid ist ein fester Bestandteil unserer Gefühlswelt. Es geht daher nicht darum, nie wieder neidisch zu sein, sondern dieses Gefühl zu nutzen, um sich über seine eigenen Bedürfnisse klar zu werden. Im Neid offenbaren sich unsere Wünsche, die schon lange auf Erfüllung warten. Schauen Sie deshalb gut hin, denn wenn Sie erkennen, was Ihnen fehlt, können Sie etwas verändern an Ihrem Leben. Das Gefühl, in eine neue Richtung zu gehen, sein eigenes Leben wirklich gestalten und etwas erreichen zu können, stärkt das Selbstwertgefühl.

So stärken Sie Ihr Selbstwertgefühl

Ein gutes Selbstwertgefühl bewirkt, dass Unzufriedenheit und Frust verschwinden, was wiederum mehr Freude, mehr Glück und mehr Harmonie mit sich bringt, uns offen macht für neue Erfahrungen und nicht mehr so anfällig für Neid. Es geht also darum, Neidgefühle dafür zu nutzen, um sich weiterzuentwickeln. Wenn uns das gelingt, können wir mit neuem Selbstbewusstsein dazu stehen, wenn wir auf jemanden neidisch sind. Wir können dann offen damit umgehen, ohne uns selbst kleiner zu machen. Dann kann sich eine anfängliche Regung von Neid recht schnell in Anerkennung und Freude für den anderen verwandeln.

Selbstwert-Strategie Nr.1: Gestehen Sie sich Wünsche ein

Im vorangegangenen Kapitel haben Sie beim Abschnitt »Unterdrückte Wünsche« (Seite 95) bereits aufgeschrieben, was Sie sich wünschen, aber noch nicht bekommen haben. Notieren Sie hier noch einmal einen Wunsch, der Ihnen wichtig ist, oder auch etwas, worum Sie einen anderen Menschen beneiden und was Sie selbst gerne hätten.

Mein Wunsch:

Was ist nötig, um den Wunsch zu realisieren?

Nun überlegen Sie, was Sie tun könnten, damit dieser Wunsch Wirklichkeit werden könnte. Wenn der Wunsch zum Beispiel ganz konkret lautet »besser Tennis spielen«, dann könnte zur Realisierung beitragen: mehr üben, einen Lehrer nehmen, einen Trainingsplan entwerfen, Ernährungs- und Lebensgewohnheiten umstellen, einen Coach engagieren etc. Nun Sie.

Das könnte ich tun:

____

____

____

____

____

Es ist meist kein Wunder nötig, um einen Wunsch möglicherweise wahr werden zu lassen. Vielmehr braucht es Zeit, Geld, Leidenschaft etc.

Was hält mich davon ab, den Wunsch zu realisieren?

Nun notieren Sie Gründe, die Sie von der Verwirklichung Ihres Wunsches abhalten. Um bei unserem Beispiel zu bleiben: Ich habe kein Talent, ich bin zu alt, ich bin nicht bereit, dafür auf vieles zu verzichten.

Das hindert mich:

____

____

____

____

____

Wenn wir erkennen, was uns davon abhält, den Wunsch zu realisieren, können wir eine Entscheidung treffen: Wir nehmen uns vor, diese Hindernisse zu überwinden, oder wir legen den Wunsch ad acta, weil wir nicht bereit sind, das Notwendige für seine Verwirklichung zu tun.

Was hilft mir, meinen Traum zu verwirklichen?

Nun notieren Sie Ihre Stärken, die Ihnen dabei helfen könnten, Ihren Traum zu verwirklichen. Um besser Tennis spielen zu können, könnten

Motivationen sein: Ich spiele schon recht gut, ich bin sehr diszipliniert, eine Tenniskarriere ist möglich.

Das kann ich:

Sich seiner Fähigkeiten und Stärken bewusst zu werden steigert das Selbstbewusstsein.

Mentoren suchen

Als Nächstes sollten Sie überlegen, welche Menschen Ihnen bei der Verwirklichung Ihres Wunsches behilflich sein könnten.

Das können meine Mentoren sein:

Es gibt immer Menschen, die einem behilflich sein können, weil sie zum Beispiel mehr Erfahrung haben. Es ist sinnvoll und gut, sich Unterstützung zu holen.

Was könnte schiefgehen?

Schreiben Sie nun auf, was im schlechtesten Falle passieren könnte, wenn Sie die Sachen nun endlich angehen würden. Beim Tennistraining könnte dies sein: Ich stoße an meine Grenzen, ich erkenne, dass mir das Talent oder der Biss fehlt, ich scheitere bei den Matches.

Das schlechteste Ergebnis könnte sein:

Hier haben Sie nun Ihre Ängste und Befürchtungen formuliert. Diese Gedanken bremsen Sie. Es ist gut, sich darüber klar zu werden, dass es in erster Linie Gedanken und weniger Tatsachen sind, die uns aufhalten.

Was wäre der Idealfall?

Und nun schreiben Sie auf, was im besten Falle passieren könnte, wenn Sie die Verwirklichung Ihres Wunsches endlich angehen würden. Beim Tennistraining wäre als guter Ausgang denkbar: Meine Spielstärke wächst stetig, ich gewinne immer mehr Turniere, man nimmt mich als neues Tenniswunder wahr.

Das beste Ergebnis könnte sein:

Hier haben Sie festgehalten, wovon Sie träumen. Das ist Ihr Ziel!

Fazit

Es gibt etwas, worum Sie einen anderen Menschen beneiden. Sie haben sich das Neidgefühl eingestanden und als Konsequenz einen Wunsch formuliert. Im Lauf der Übung haben Sie herausgefunden, was zur Wunscherfüllung notwendig wäre und Ihr eigenes Potenzial abgeklärt: Was will ich und was will ich nicht? Was kann ich und was kann ich nicht? Dabei haben Sie festgestellt, dass alles seinen Preis hat. Besser Tennis zu spielen erfordert mehr Training. Nun relativiert sich der Wunsch, denn Sie merken, wie weit Sie dafür gehen würden. Entweder verliert das Objekt Ihrer Begierde an Bedeutung, weil Sie den Aufwand dafür eigentlich gar nicht betreiben wollen, oder Sie sehen, dass Sie nicht neidisch sein müssen, weil Sie es selbst auch schaffen können.

Selbstwert-Strategie Nr.2: Fassen Sie Vertrauen in sich

Wer das Gefühl hat, etwas bewirken und eine Situation beeinflussen zu können, hat Selbstvertrauen. Wer jedoch das Gefühl hat, ohnmächtig zu sein, wird traurig, wütend und ängstlich, dadurch schwindet das Selbstvertrauen und damit auch das Selbstwertgefühl.
Selbst etwas zu bewirken heißt unter anderem, seine eigenen Ideen und Pläne umzusetzen. Dabei sollten wir nicht nach den anderen schauen, die vielleicht schneller oder erfolgreicher sind. Jeder agiert in seinem eigenen Tempo. Auch sollte es uns nicht kümmern, wenn unser Erfolg Neider auf den Plan ruft. Wir verwirklichen selbstbewusst unsere Ziele und

Wünsche und freuen uns einfach, wenn es uns gelingt. Entscheidend dabei ist, dass man das verwirklicht, was einem wirklich wichtig ist, nicht etwas, was andere von einem erwarten. So können Ihre Ziele in den Augen der anderen wenig aufregend sein, aber sie entspringen Ihren Bedürfnissen und Interessen. Sich mit der Erfüllung seiner eigenen Wünsche zu beschäftigen gibt das Gefühl von Lebendigkeit und davon, Wesentliches gestalten zu können. Wer sich als Urheber des eigenen Tuns fühlt, übernimmt damit die Verantwortung für sein Leben.

Die Widerstände entlarven

Wenn Sie damit beginnen, sich zu verändern, werden Sie eine interessante Erfahrung machen: Hürden, Warnungen oder Ängste können auftauchen. Lauschen Sie der Stimme, die mit Gedanken wie: »Das ist nichts für dich«, »Du wirst Probleme bekommen«, »Was für eine blöde Idee«, »Du wirst scheitern«, »Was bildest du dir eigentlich ein, bist du verrückt geworden?« bremsen will. Auch darin steckt eine Botschaft: Sie lernen Ihre inneren Widerstände kennen, die Ihr Selbstwertgefühl blockieren und Ihr Selbstvertrauen schwächen.

Die Haltung »Das kann ich nicht« oder »Das geht doch nicht« kann zwar bequem sein, aber für das Selbstvertrauen ist diese Hilflosigkeit zerstörerisch. Nicht selbst aktiv zu werden, sondern zurückzutreten oder das Feld anderen zu überlassen schwächt das Selbstwertgefühl und die Kreativität. Um Veränderungen oder Herausforderungen zu umgehen, fallen einem viele gute Gründe ein. Haben Sie nicht auch schon selbst festgestellt, dass Sie mit fadenscheinigen Begründungen bestimmte Vorhaben hinauszögern? Durch diese Vermeidungsstrategie bleiben anfangs vielleicht nur nebensächliche Dinge unerledigt. Aber auf Dauer geht das Vertrauen in die eigenen Fähigkeiten und eigene Stärke verloren und dann bleiben wichtige Dinge auf der Strecke. Für ein gesundes Selbstwertgefühl ist es wichtig, dieses Vermeidungsverhalten abzulegen.

Was spricht dafür, was dagegen

Gibt es etwas Bestimmtes, das Sie sich schon lange vorgenommen haben, aber bisher fanden Sie immer einen Grund, es nicht zu tun? Um den verhindernden Gedanken auf die Schliche zu kommen und sie möglichst zu eliminieren, sollten Sie strategisch vorgehen: Listen Sie die Argumente auf, die dagegensprechen. Daneben schreiben Sie auf, welche Überzeugungen dahinterstecken. Mit einer einfachen Auflistung der Gründe, was

Sie hindert, können Sie herausfinden, warum Sie eine Entscheidung oder ein Handeln vor sich herschieben. Es wird Ihnen so wahrscheinlich klar werden, dass nicht die angeführten Gründe das Problem sind, sondern fehlender Mut. Wir trauen uns nicht, eine bestimmte Entscheidung zu treffen – was vermutlich unseren augenblicklichen Zustand nicht gefährdet, ihn aber auch nicht verändert und verbessert.

Wenn Sie zum Beispiel schon lange mit dem Gedanken spielen, mit dem Chef über eine Gehaltserhöhung zu reden, dann könnte Ihre Liste folgendermaßen aussehen: Was spricht dagegen? Ich bekomme keinen Gesprächstermin, er ist ein Idiot, ich hatte noch keine Zeit, ich warte den besten Zeitpunkt ab, er wird es sowieso ablehnen, der Firma geht es schlecht. Was steckt hinter meiner Zögerlichkeit? Ich habe noch gar nicht um einen Termin gebeten, ich habe Angst, dass er Nein sagt, ich trau mich nicht, darum zu bitten, mir fehlen überzeugende Argumente oder mein Gehalt ist eigentlich gut. – Nun sind Sie an der Reihe!

So lautet mein Plan:

____

Das spricht dagegen:

____

Das steckt hinter meiner Zögerlichkeit:

____

Selbstwert-Strategie Nr.3: Entdecken Sie Ihren Lebensplan

Wer nicht weiß, was er in seinem Leben tun soll, wird von unsichtbaren Kräften an diesem Wissen gehindert. Der einfachste Weg, diesen Widerstand anzugehen, ist, etwas anzufangen. Dann werden die Kräfte entlarvt, kommt der Zensor aus der Deckung, wird sich melden und versuchen, Sie am Weitergehen zu hindern. »Sei nicht du selbst, sei, wie wir dich haben wollen« oder: »Werd nicht erwachsen, bleibe immer mein kleiner Junge« oder: »Sei kein Kind, sorge für mich, nimm Rücksicht auf mich.« Wenn Ihnen solche Sätze in den Sinn kommen, können Sie den eigentlichen Gegner erkennen und besiegen. Denn nun stellt sich die Frage: Wer spricht da eigentlich zu Ihnen, wer jagt Ihnen so viel Angst ein?

Botschaften der Vergangenheit

Innere Widerstände, die uns daran hindern, das zu tun, wonach wir in unserem Innersten streben, sind häufig Botschaften aus der Vergangenheit. Dazu zählen Erwartungen, die andere an Sie haben, allen voran die Eltern. Diese Forderungen wie beispielsweise »Schenk mir Enkel« müssen aber nicht zwangsläufig unseren eigenen Träumen entsprechen. Wenn der Vater möchte, dass Sie in seine Fußstapfen treten, entspricht das vielleicht seinem Lebenstraum, aber noch längst nicht Ihrem. Unsere Eltern haben uns großgezogen und aufs Leben vorbereitet, so gut sie konnten. Doch die Träume unserer Eltern sind nicht unsere Träume!

Schreiben Sie auf, welche »Botschaften der Vergangenheit« Sie mit sich herumtragen:

Selbstwert-Strategie Nr.4: Schenken Sie sich selbst und anderen echte Anerkennung

Werte und Würde drücken sich in unserem Selbstwertgefühl aus. Wir fragen uns, wie viel Anerkennung, Achtung, Respekt, Lob, Ruhm, Bewunderung und auch Neid wir bekommen und ob das, was wir bekommen, auch angemessen ist. Versagen wir einander Anerkennung und Respekt, mindern wir einander den Selbstwert. Wie viel Anerkennung bekommen und gewähren wir und wie viel versagen wir?

Ein gesundes Selbstwertgefühl hat große Wirkung: Sie werden nicht mit Neid auf das reagieren, was andere haben oder erreichen. Sie werden stattdessen Anerkennung zeigen. Und dieses Gefühl wird auf Sie selbst zurückkommen. Man wird Sie dafür schätzen und auch Sie anerkennen.

Durch Anerkennung Beziehungen verbessern

Wenn Sie den anderen anerkennen, wird sich das direkt auf Ihre Beziehungen auswirken, egal ob im Beruf oder im Privaten. Wer mit sich im Reinen ist, kann den anderen sein lassen, wie er ist, oder kann dem anderen sogar dabei helfen, der zu sein oder zu werden, der er ist, selbst wenn es einem persönlich nicht immer so gefällt. Diese Haltung würde viele Partnerschaften leichter machen. Denn wer im anderen nur mag, was ihm gefällt, schaut nicht wirklich auf den anderen, sondern sucht sich nur Bestätigung in ihm: »Ich möchte, dass du der bist, den ich gerne hätte, dann liebe ich dich«, lautet die problematische Haltung in manchen Beziehungen. Doch wer das sagt, liebt nicht den anderen, sondern nur sich selbst im anderen.

Wer sich seiner selbst jedoch bewusst ist, kann seinen Partner unvoreingenommen akzeptieren. Er muss nicht mehr kritisieren, sondern kann den anderen mit all seinen Talenten und Möglichkeiten erkennen und fördern. Stellen Sie sich öfter mal Fragen wie diese: »Was kann ich tun, damit der Partner seine Stärken und Talente entfalten kann? Was kann ich tun, damit der Partner so wachsen kann, dass er selbst es für richtig hält? Was kann ich tun, damit der Partner seine Träume leben kann?«

Selbstwert-Strategie Nr.5: Fällen Sie keine Urteile mehr

Neid ist ein großes Hindernis für alle Beziehungen zu anderen Menschen. Denn wer neidisch ist, fällt leichtfertig Urteile, die meist auf Vorurteilen beruhen. Der griechische Philosoph Sokrates hat es auf den Punkt gebracht: »Wenn du etwas weitersagen willst, so seihe es zuvor durch drei Siebe: Das erste lässt nur das Wahre hindurch. Das zweite lässt nur das Gute hindurch und das dritte lässt nur das Notwendigste hindurch. Was durch alle drei Siebe hindurchging, das magst du weitersagen.« Versuchen Sie es!

Die Vogelperspektive einnehmen

Wenn Sie auf jemanden in Ihrer Umgebung neidisch sind und geneigt sind, ein Urteil zu fällen, dann sollten Sie im Geiste einmal auf eine Leiter steigen und aus luftiger Höhe auf die Situation schauen. Aus der Distanz lassen sich die verschiedenen Standpunkte manchmal besser erkennen und verstehen. Denn hinter jedem Standpunkt verstecken sich Bedürfnisse, Wünsche, Ängste und Sorgen, die Ihrigen und die der anderen. In unserem Kopf steckt ein Filter, durch den wir alles, was wir sehen, erleben, fühlen, schmecken, hören, beurteilen und einteilen: in gut oder böse, richtig oder falsch, schön oder hässlich.

Mit diesem kleinen Zensor in unserem Kopf fällen wir ständig Urteile; aber liegen wir damit eigentlich richtig? Könnte es nicht auch sein, dass wir so zu einem falschen Urteil kommen und damit eine Erfahrung begrenzen oder gar ausschließen? Bevor Sie Kritik üben oder gar Urteile fällen, sollten Sie sich in den anderen einfühlen, um dessen Handlungsweise zu verstehen.

Selbstwert-Strategie Nr.6: Lassen Sie sich nicht herunterziehen

Wir haben Standards, die wir von außen und von Autoritäten übernehmen, aber auch welche, anhand derer wir uns mit uns selbst vergleichen. Wenn wir feststellen, dass wir versagt haben oder unter unseren Möglichkeiten geblieben sind, kritisieren wir uns selbst: Das hätte ich viel besser machen können! Unsere eigenen Standards und Maßstäbe sind also eine Grundlage für Kritik – in diesem Fall bewerten wir selbst, was wir tun, denken, fühlen oder planen.

Der Umgang mit Kritik – ob von außen oder von uns selbst – hängt eng mit dem Selbstwertgefühl zusammen. Wer ein gutes Selbstwertgefühl besitzt, kann mit ehrlicher Kritik gut umgehen und falsche Kritik davon unterscheiden. Bei einem schlechten Selbstwertgefühl ist das schon schwieriger. Hier ist es wichtig, Distanz zu bewahren und sich mit der Kritik sachlich auseinanderzusetzen.

Konstruktive Kritik bringt Sie weiter

Wenn etwa im Beruf jemand zu uns sagt: »Das haben Sie schlecht gemacht«, dann können wir diese Kritik auf die Situation beziehen, was bedeutet, dass bei dieser einen Aufgabe halt mal was danebenging. Wenn wir die Kritik so verstehen, können wir in der Regel damit umgehen. Denn das heißt ja, dass normalerweise alles gut läuft, und wegen eines Misserfolgs wird man sich nicht generell die Kompetenz absprechen lassen. Wenn wir diese Bemerkung jedoch auf uns als Person beziehen, leidet unser Selbstvertrauen – das in dem Fall vermutlich sowieso nicht sehr ausgeprägt ist.

Daher sollten Sie bei Kritik immer genau hinsehen, was damit gemeint ist, bevor Sie sich in Selbstzweifel stürzen. Wenn Sie es nicht genau wissen, fragen Sie ruhig nach: »Was genau hat Ihnen an meiner Arbeit nicht gefallen?« Oft stellt es sich heraus, dass es nur Kleinigkeiten zu bemängeln gab, die zwar ein schlechteres Ergebnis verursacht haben, aber für sich gesehen keinen Grund bieten, sich als Versager zu fühlen.

Provozieren Sie sich selbst

Häufig denken wir nur in eine bestimmte Richtung und stecken dann irgendwann fest. Jeder von uns hat Denkblockaden. Das ist so, als ob man viel zu nah vor einem Gemälde steht, sodass nichts mehr zu erkennen ist. Wir müssten nur ein paar Schritte zurücktreten, um das Gemälde als Ganzes sehen zu können, aber an diese Möglichkeiten denken wir gar nicht. Da hilft nur eines: sich selbst zu provozieren. Wenn der Gedanke »Das schaffe ich nie!« dauernd in Ihrem Kopf kreist, dann stellen Sie sich vor den Spiegel und sagen einmal laut zu sich selbst: »Stimmt, ich bin ja wirklich zu blöd, zu alt, zu dumm, zu dick etc.« Spätestens jetzt müsste sich in Ihnen Widerstand rühren und gegen diese Behauptungen protestieren. Ist Ihr Widerspruchsgeist erst einmal geweckt, können Sie aktiv werden.

Selbstwert-Strategie Nr.7: Erfüllen Sie sich einen Wunsch

Bei der Selbstwert-Strategie Nr.1 haben Sie sich einen Wunsch eingestanden. Sie haben etwas aufgeschrieben, was Sie gerne hätten oder tun möchten, aber bislang nicht getan, sondern nur andere darum beneidet haben. Machen Sie sich nun daran, diesen Wunsch mithilfe des Wunschprogramms (siehe Seite 18) wahr zu machen. Gehen Sie Schritt für Schritt vor. Wenn Ihr Wunsch sich erfüllt, werden Sie nicht mehr andere Menschen darum beneiden müssen.

Selbstwert-Strategie Nr.8: Arbeiten Sie mit Ihrem Tagebuch

Sich seinen Schattenseiten zu stellen und nicht die Augen davor zu verschließen, ist der erste Schritt zu mehr Selbstwertgefühl und gibt uns auch die Chance, über diesen Schatten zu springen. Ergänzen Sie das Tagebuch um folgenden Aspekt:

- Wann habe ich mir heute Neid ehrlich eingestanden, habe mich aber nicht neidisch verhalten?

stop!

Raus aus der Traumfalle

go!

und das wahre Glück finden

Wer fremden Glückversprechungen hinterherjagt, wird sein Glück darin nicht finden. Wir müssen selbst herausfinden und definieren, was uns glücklich macht. Denn seine Zeit mit etwas zu verschwenden, woran einem nichts liegt, heißt: in der Traumfalle zu sitzen. Glück ist vielmehr, das zu tun, was wir gerne machen, was immer das auch sein mag. Finden Sie deshalb heraus, ob die Träume, denen Sie folgen, auch wirklich die Ihren sind.

Locken Sie Ihr Glück!

Der griechische Philosoph Aristoteles sah »Glück als Folge von Tätigkeit«. Wer so das Glück beschreibt, sieht darin einen Prozess, an dem jeder teilhaben kann. Doch wir sind geneigt, Glück als Zustand zu verstehen, der uns ohne eigenes Zutun in den Schoß fällt, quasi wie ein Lottogewinn. Aber selbst beim Glücksspiel gilt: Nur wer mitmacht, kann gewinnen. Glücklich werden kann also nur, wer auch weiß, was ihn glücklich macht, und wer die innere Einstellung dafür hat.

Sind Sie auf dem richtigen Weg?

Wir haben heute die wunderbare Freiheit, so zu leben, wie wir es möchten. Weder Politik noch Gesellschaft, Religion, Tradition oder sonst irgendeine Autorität kann uns vorschreiben, wie wir zu leben haben. Die Kehrseite dieser Wahlmöglichkeiten ist jedoch der permanente Zweifel: Folgen wir der richtigen Idee vom guten Leben? Haben wir den besten Weg gewählt? Sind unsere Werte und Ziele vereinbar mit denen unserer Partner, Familien, Freunde? Oder laufen wir vielleicht einem falschen Traum hinterher?

Das große oder das kleine Glück

Auf der Suche nach dem Glück leben wir ständig in dem Risiko, enttäuscht zu werden. Sobald wir uns glücklich fühlen, haben wir Angst, dass das Glück uns wieder entgleitet. Dabei haben sich die Chancen, ein gutes und glückliches Leben zu führen, vervielfacht. Wir leben in relativer Sicherheit und in vergleichsweise großem Wohlstand. Wir können genügend Zeit, Energie und Geld aufwenden, um unsere Wünsche zu befriedigen. Aber unsere Versuche, glücklich zu sein, unterliegen einer Steigerungslogik: Es darf nicht nur das kleine Glück sein, sondern es zählt das Absolute, das alles umfassende und unendliche Glück.
Das ist die Kehrseite der unendlichen Möglichkeiten: Es fehlt an Maßstäben und Vergleichen. In welchen Größen und Einheiten kann das Glück gemessen werden? Wann wissen wir, ob das Leben glücklich ist?

Ist das Beste gut genug?

Was ist der Antrieb für alles, was wir tun? Wir wollen Glück, Zufriedenheit und Freude erleben. Selbst wenn es so scheint, als ob wir auf eine »Freude« verzichten und sogar Unannehmlichkeiten in Kauf nehmen, wie beispielsweise bei einer Diät, machen wir das in der Regel deshalb, um später ein höheres Niveau an Wohlbefinden zu erreichen. Wir werden also aktiv, weil wir als Ergebnis etwas Positives erwarten. Unsere Aktivitäten sind immer darauf ausgerichtet, dass es uns besser geht. Wir wollen nur unser Bestes. Wenn wir uns dessen bewusst sind, müssen wir uns weniger sorgen, als wir das vielleicht gemeinhin tun.
Allerdings sollten wir auch wissen, was das Beste für uns ist, damit wir keinen falschen Vorstellungen von Glück hinterherrennen. Es ist daher einen Versuch wert, die eigenen Vorstellungen über das, was glücklich oder unglücklich macht, zu hinterfragen. Was würde Sie besonders glücklich machen? Ein neuer Job, mehr Geld, ein Lottogewinn, eine neue Liebe oder eine Trennung? Stellen Sie sich einmal vor, einer dieser Wünsche würde jetzt in Erfüllung gehen. Wären Sie dann der glücklichste Mensch auf Erden? Wären dann alle Probleme beseitigt? Wären Sie dann doppelt so glücklich wie jetzt? Oder vielleicht sogar zehnmal so glücklich? Und wie lange würde dieser Glückstaumel anhalten? Ein paar Wochen, einige Jahre oder bis an Ihr Lebensende?

Glück hat oft zwei Seiten

Wir werden nicht automatisch glücklich, wenn wir bekommen, was wir uns wünschen. Dies funktioniert nicht, weil unsere Wünsche oft nur eine Prognose unserer Gefühle sind, die wir als Folge der Wunscherfüllung erwarten. Deshalb hat ein Lottogewinn nicht automatisch echte und lebenslange Glücksgefühle im Schlepptau. Natürlich wird die Freude darüber anfangs groß sein. Denn damit scheinen sich Träume von einem stressfreien Leben, von uneingeschränkten Shoppingtouren, luxuriösen Reisen, prachtvollen Häusern, schnellen Sportwagen, guten Taten etc. augenblicklich zu erfüllen. In dieser Vorstellung fehlen aber noch die »Probleme«, die der unerwartete Geldsegen mit sich bringt: der Neid der Umwelt, das Zerbrechen von Freundschaften, die Flut der Bittbriefe, der Ärger mit dem Finanzamt, die Frage, wie man das Geld sinnvoll anlegen kann, etc. Der Lottogewinn bringt also nicht nur Freiheit, sondern auch neue Verpflichtungen mit sich. Ebenso bedeutet der neue Job nicht nur mehr Geld und Ansehen, sondern meist auch mehr Arbeitszeit und Verantwortung. Zwischen Wunsch und Wirklichkeit klafft oft eine Lücke.

Die Suche nach dem wahren Glück

Jeder hat das schon erlebt: Wir können uns auch täuschen, wenn es darum geht, unser zukünftiges Glück oder auch Unglück einzuschätzen. Das, was uns glücklich machen sollte, lässt uns mehr oder weniger kalt, wenn es schließlich eintrifft. Und auch wenn uns etwas wirklich Schreckliches passiert, sind wir zwar eine Zeit lang unglücklich, aber irgendwann geht es uns wieder besser. Es scheint, als pendle sich das Gefühlsbarometer nach der Erfüllung lang gehegter Wünsche und selbst nach schlimmen Schicksalsschlägen wieder auf dem alten Niveau ein. Was lernen wir daraus? Wir sollten herausfinden, was uns wirklich glücklich macht, und nicht mehr falschen Träumen nachjagen.

Wünschen Sie das Richtige

Die meisten Menschen glauben, die Hürde zum Lebensglück bestünde darin, dass sie nicht das bekommen, was sie sich wünschen. Die Glücksforschung aber zeigt: Das eigentliche Problem ist es, das Richtige zu wünschen. Viele glauben auch genau zu wissen, wie sie auf bestimmte Ereignisse reagieren werden – und irren sich damit, wie Untersuchungen ergeben haben. Da wir oft nicht wissen, was uns wirklich glücklich machen könnte, überschätzen wir die Art, Intensität und die Dauer unserer Gefühle beim Eintreffen bestimmter Ereignisse.

Lernen Sie Ihre Gefühle kennen

Denn Gefühle sind weder vorhersehbar noch kalkulierbar. Sie treten nicht als statische Größe auf, sondern ändern ihre Gestalt, Dauer und Intensität willkürlich. Und je intensiver ein Gefühl, desto kürzer ist seine Haltbarkeit. Aus gutem Grund: Unser Körper schützt uns vor Extremen, im Guten wie im Schlechten. Das gilt für die besonders heftigen Gefühle von überwältigendem Glück genauso wie die einer abgrundtiefen Trauer. Das geschieht zum eigenen Schutz, denn starke Erregungszustände sind für den Körper anstrengend. Daher werden wir nach kurzem Höhenflug oder Absturz zurück auf den Boden der Wirklichkeit geholt. Da wir diesen eingebauten Schutzmechanismus unseres Körpers nicht durchschauen, liegen wir mit unserer Prognose meistens falsch. Befragungen von Lottogewinnern ergaben, dass der Höhenflug nach dem plötzlichen Geldsegen im Schnitt nach drei Monaten beendet war.

TEST: Glücks-Check

Ist Ihr Glas halb voll oder halb leer?

Glückskinder vertrauen auf die eigenen Fähigkeiten, arbeiten aktiv daran, hoffen stets das Beste, lassen sich nicht entmutigen, erkennen sich bietende Chancen und nutzen diese. Die Grundlage, dem Leben etwas Positives abzugewinnen, hat jeder mitbekommen. Wir müssen diese Fähigkeit nur einsetzen. Welche Einstellung zum Glück haben Sie? Blicken Sie eher optimistisch oder pessimistisch aufs Leben?

1. Hatten oder haben Sie oft Liebeskummer?

a| Ja, aber er ging immer schnell wieder vorbei und ich habe mich neu verliebt.
b| Kaum, weil meistens ich die Beziehung beendet habe.
c| Nein, denn Liebeskummer lohnt sich nicht ...
d| Ja, da ist immer eine Welt zusammengebrochen. Aber die Zeit heilt alle Wunden.

2. Sie werden in ein neues, exotisches Lokal eingeladen. Was wählen Sie aus der Speisekarte?

a| Ich wähle die Spezialität des Hauses.
b| Ich frage den Kellner, worum es sich bei den einzelnen Gerichten handelt.
c| Ich nehme das, was am verrücktesten klingt.
d| Ich nehme das Gericht, das mir noch am vertrautesten erscheint.

3. Sie probieren mit Freunden ein neues Lokal, aber das Essen ist furchtbar. Was denken Sie?

a| Wenigstens ist die Einrichtung hübsch und die Bedienung freundlich.
b| Ich bitte den Kellner, mir diverse Gewürze zu bringen.
c| Was soll's, von einem schlechten Essen geht die Welt nicht unter.
d| Eine Katastrophe – dabei waren die Empfehlungen so gut!

4. Sie planen mit der Familie einen Kurztrip, der durch schlechtes Wetter kurzfristig ins Wasser fällt. Was denken Sie?

a| Meinem Garten und der Natur tut dieser Regen gut.
b| Es gibt kein schlechtes Wetter, nur falsche Kleidung.
c| Wunderbar, denn auf den heutigen Ausflug hatte ich eh keine Lust mehr.
d| Immer macht uns das Wetter einen Strich durch die Rechnung.

5. Sie planen mit Freunden ein Picknick, das wegen eines Sturms ausfallen muss. Was schlagen Sie alternativ vor?

a| Wir fahren stattdessen in ein nettes Restaurant und essen dort zusammen.

b| Wir ziehen uns entsprechend an und machen das Picknick trotzdem.
c| Wir verschieben das Picknick einfach auf einen der nächsten schönen Tage.
d| Ich habe keine Idee und frage die anderen, was wir tun sollen.

6. Sie machen einen Kurzurlaub. Im Hotel angekommen, bietet man Ihnen ein kleines, dunkles Zimmer an, weil kein anderes mehr frei ist. Was tun Sie?

a| Mit Blumen, Champagner & Co. wird es schon gehen.
b| Ich verlange ein anderes Zimmer oder einen Preisnachlass.
c| Egal, ich bin nur zum Schlafen hier.
d| Ich reise wieder ab.

7. Bei Ihnen wurde eingebrochen und ein paar schöne Erinnerungsstücke sind verschwunden. Wie gehen Sie damit um?

a| Schade, aber die alten Sachen sind hier eh nur eingestaubt.
b| Die Versicherung wird mir den materiellen Schaden ersetzen.
c| Egal, ich kann mich sowieso nicht mehr an die alten Sachen erinnern.
d| Ich bin untröstlich und werde versuchen, Ersatz zu bekommen.

8. Sie haben Geld am Bankautomaten abgehoben und die Karte wieder eingesteckt, das Geld aber vergessen. Was denken Sie?

a| Es war zum Glück nicht viel und der Dieb wird keine Freude damit haben.
b| Wenn mir die Bank das nicht ersetzt, kündige ich und gehe zu einer andern.
c| Da mir das öfters passiert, hebe ich nur noch kleine Summen ab.
d| Der Tag fing so gut an und jetzt das! Wie konnte mir das nur passieren?

9. Welche Inschrift könnte auf Ihrem Grabstein stehen?

a| Wir wechseln nur die Räume.
b| Der Tod ist nicht das Ende, sondern ein Anfang.
c| Trauert nicht über den Tod, sondern feiert das Leben.
d| Die Stille ernährt, der Lärm verbraucht.

10. Welches Sprichwort trifft am ehesten auf Sie zu?

a| Wer nicht wagt, der nicht gewinnt.
b| Jeder ist seines Glückes Schmied.
c| Glück im Spiel, Pech in der Liebe.
d| Eine Schwalbe macht noch keinen Sommer.

Auswertung

Notieren Sie hier, wie oft Sie welchen Buchstaben angekreuzt haben.

a = ... mal **c** = ... mal
b = ... mal **d** = ... mal

Der Buchstabe, den Sie am häufigsten angekreuzt haben, beschreibt, ob Sie eher optimistisch oder pessimistisch sind. Haben Sie mehrere Buchstaben gleich oft gewählt, lesen Sie alle entsprechenden Beschreibungen.

Überwiegend a: Ihr Glas hat immer halb voll zu sein

Natürlich registrieren Sie die Unterschiede, aber trotzdem konzentrieren Sie sich bei allem auf die positiven Seiten. **Denn Sie haben bisher immer die Erfahrung gemacht, dass etwas Gutes entstehen oder sich auftun kann, wenn Sie sich selbst darum bemühen.** Wenn es die Situation erfordert und Ihnen danach ist, helfen Sie gerne nach, um das beste Ergebnis zu erzielen, das möglich ist. Sie entscheiden selbst, wann es sinnvoll ist, etwas zu ändern, und wann man sich mit dem Status quo arrangieren sollte. Auf dieser Tatkraft beruht Ihr unerschütterlicher Optimismus.

Wenn Sie feststellen, dass Menschen oder Situationen nur schwierig zu beeinflussen sind und sich Ihren Bemühungen widersetzen, alles zum Guten zu verändern, dann kann es passieren, dass Sie sich abwenden. Wer nicht mitzieht, bleibt eben zurück. Denn Sie sind nicht bereit, einen schwierigen Zustand lange zu ertragen.

Manchmal braucht es aber Ausdauer, um schwierige Situationen oder Beziehungen letztlich doch zu etwas Gutem zu machen. **Das Durchhalten und nicht so schnelle Aufgeben könnten Ihrem Optimismus zu noch mehr Substanz verhelfen.** Wir wachsen an den Schwierigkeiten, die wir meistern. Wenn Sie mit Ihrem unerschütterlichen Optimismus auch »heiße Eisen« anpacken, werden Sie garantiert großartige Erfahrungen machen.

Überwiegend b: Auch ein leeres Glas muss gefüllt werden

Spontane Entschlüsse und schnelle Wendungen entsprechen nicht Ihrem Wesen. Sie versuchen den Dingen auf den Grund zu gehen und hinterfragen Situationen oder Motive von Mitmenschen. Wer die Hintergründe kennt, kann die Sachlage besser verstehen. Damit verlieren negative Situationen, schwierige Phasen oder komplizierte Beziehungen ihre pessimistische Tendenz. Wer versteht, was passiert und warum etwas passiert, kann die Lage neu und optimistischer beurteilen und besser eingreifen. Sie wollen wissen, wie der Eisberg unter der Wasseroberfläche aussieht.

Diese Wissbegierde stützt Ihren Optimismus: Nichts ist so, wie es auf den ersten Blick scheint. Wenn Sie die kleinste Chance für ein gutes Ergebnis sehen, dann setzen Sie alle Hebel in Bewegung. Manchmal versteifen Sie sich aber auch darauf und versuchen, das Gute zu erzwingen. Und wenn dann die Dinge nicht so laufen, wie Sie es erwarten, dann werfen Sie alles hin.

Nur führen viele Wege nach Rom. Vielleicht würde eine kleine Korrektur Ihres Standpunkts oder Ihrer Vorgehensweise schon genügen, um die Dinge besser laufen zu lassen. **Auch der Optimismus ist keine statische Größe.** Probieren Sie neue Spielarten aus und Ihr Optimismus wird noch wachsen.

Überwiegend c: Irgendein Glas ist immer halb voll

Das Leben ist aus Ihrer Sicht viel zu kurz, um sich mit schwierigen Situationen oder negativen Zeitgenossen herumzuschlagen. **Während andere noch grübeln, haben Sie schon eine bessere Alternative entdeckt.** Sie sehen alles durch die rosarote Brille und rechnen unbeirrt mit einer glücklichen Zukunft. Sie lassen sich mitreißen, trauen sich erst einmal alles zu, und wenn mal was nicht klappt, ist das auch kein Beinbruch. Ihr Optimismus speist sich aus Ihrer Vielseitigkeit und geistigen Beweglichkeit. Sie sind immer offen für Neues und erleben dabei viele gute Überraschungen und angenehme Momente. Viele Chancen verheißen Ihnen eben auch mehr Glück. Aber manchmal übersehen Sie bei so viel Tempo und Wendigkeit, dass in allem etwas Gutes steckt, das Sie nur finden müssen. Diesen Part überspringen Sie nämlich gern. Nehmen Sie auch einmal den Fuß vom Gas und halten Sie inne. Dann haben Sie die Chance, den Blick neu auszurichten.

Sich auf etwas einlassen und sich darum bemühen, kann bisweilen tiefere Glücksmomente hervorbringen als das, was sich leicht und schnell erobern lässt. Bleiben Sie einfach mal länger am Ball, auch bei einer pessimistischen Prognose. Dann können Sie manches Wunder erleben und das wird Ihren Optimismus verzaubern.

Überwiegend d: Nur ein volles Glas ist ein gutes Glas

Es stimmt Sie positiv, wenn alles so bleibt, wie es ist. Denn im Gewohnten und Vertrauten liegt Ihr persönliches Glück. Sie fühlen sich wohl im Kreis Ihrer Lieben, Sie geben alles, sind zuverlässig und treu. **Orte, Menschen und Situationen, die Sie kennen, vermitteln Ihnen das Gefühl von Glück. Denn die Geborgenheit ist Ihr Glückselixier.**

Kleine Veränderungen, unerwartete Ereignisse oder Reaktionen bringen Ihre heile Welt leicht ins Wanken. Denn hinter dem Festhalten an Bewährtem verbirgt sich die Angst vor Veränderung oder Versagen. Wenn es nicht so läuft, wie gewohnt, gewinnt augenblicklich der Pessimismus die Oberhand. Mit einem »think positive« ist Ihnen da nicht zu helfen. Der Grauschleier legt sich dann schnell über alles und jeden und nimmt Ihnen damit die Chance, andere Möglichkeiten oder Gelegenheiten zu entdecken Sie sehen dann nur noch das Negative.

Aber das Leben ist bunt und bietet viele gute Alternativen. Wagen Sie doch einfach mal den Schritt auf unbekanntes Terrain. Etwas mehr Risikobereitschaft würde Ihnen mehr Optimismus verleihen. Denn verpasste Chancen schaden auf Dauer mehr, als ein vermiedenes Risiko Sie schützen kann. **Lassen Sie Veränderungen zu, denn Neues kann auch zu etwas Gutem führen.** Nicht »think positive«, sondern »feel positive« lautet die Devise. Es sind unsere Gefühle, die uns leiten. Versuchen Sie positive Gefühle zu entwickeln, dann wird auch Ihre Haltung positiver werden.

Was uns in der Traumfalle hält

Kein Mensch lebt einfach nur so. Jeder hat Ziele, Wünsche und Träume, die ihn leiten. Manchmal laufen wir falschen Träumen und Wünschen hinterher. Manchmal gelingt es uns einfach nicht, die Träume zu realisieren, weil ein unerklärlicher Widerstand uns aufhält. Wir sollten uns klar darüber werden, was uns hindert, diese Träume endlich wahr werden zu lassen. Wer weiß, was ihn bremst, kann das Hindernis aus dem Weg räumen.

Träume gehören zum Leben

Stellen Sie sich vor, alle Ihre Träume hätten sich erfüllt. Möglicherweise ist das gar nicht so erstrebenswert? Träume fordern uns heraus und bewahren uns davor, stehen zu bleiben. Wer nicht mehr träumt, hört auf zu leben. Immer neue Träume zu haben ist also kein Zeichen von Unzufriedenheit oder Maßlosigkeit, sondern hält uns lebendig.

Falsche Erwartungen

Bei Vorhersagen über zukünftige Gefühle orientieren wir uns an früheren Erfahrungen. Doch die Erinnerung verklärt schöne und schlechte Erlebnisse. Wenn Sie an einen romantischen Winterspaziergang zurückdenken, erinnern Sie sich vielleicht nur, wie schön die verschneite Landschaft ausgesehen hat, aber nicht, wie eiskalt ihre Füße geworden sind. Außerdem lassen wir uns bei unserer Prognose stark von der Stimmung beeinflussen, in der wir uns gerade befinden. So ist der Gedanke an einen Saunabesuch während eines heißen Sommertages nicht gerade verlockend.

Wo sind Sie zuletzt einer falschen Erwartung aufgesessen, im Guten wie im Schlechten?

Gefühlsirrtümer

Da träumen Sie vielleicht jahrzehntelang von einem Haus auf dem Land oder einem Leben ohne Arbeit. Dann geht der Wunsch in Erfüllung und kurz nach dem Umzug oder der Pensionierung stellen Sie fest, dass Sie jetzt vor Langeweile fast umkommen. Sie trauern dem Trubel in der Stadt nach oder dem strukturierten Arbeitstag und merken erst jetzt, dass Ihr bislang größter Wunsch gar nichts mit Ihnen selbst zu tun hatte.

Wann sind Sie in diese Gefühlsfalle getappt? Beschreiben Sie, wie ein Wunsch in Erfüllung ging, aber die Freude darüber ausblieb:

Fehleinschätzungen

Auf die Frage, was man sich wünscht, antworten viele: Gesundheit. Aber kranke Menschen sind im Durchschnitt nicht unglücklicher als gesunde, das hat sich in zahlreichen Studien immer wieder gezeigt. Die objektive körperliche Verfassung beeinflusst die allgemeine Zufriedenheit eines Menschen nur wenig. Entscheidend ist vielmehr die innere Einstellung. Krankheiten scheinen die Zufriedenheit sogar manchmal zu erhöhen. Erst wenn Krankheiten lange andauern und körperlich stark beeinträchtigen oder mehrere Beschwerden zusammenkommen, leidet zunehmend auch die Lebenszufriedenheit.

Kennen Sie jemanden, der glücklich ist, obwohl seine Lebensumstände dagegensprechen? Notieren Sie hier die Namen dieser Glückskinder und ihre schwierige Situation:

Illusionen

Woher kommt die Illusion, dass wir mit mehr Attraktivität, mehr Schönheit, mehr Jugend, mehr Gesundheit, mehr Erfolg im Beruf, mehr Intelligenz, mehr Sex, mehr Spaß und vor allem mit mehr Geld glücklich wären? Die Illusion »mehr ist besser« ist nur ein Trick der Natur. Damit unternehmen wir immer wieder neue Anstrengungen, um unser Leben zu verbessern. Das sichert schließlich auch das Überleben der Gene. Warum sonst sagen Eltern: »Unsere Kinder sollen es besser haben«? So leben wir in dem Glauben, dass wir fast genug von dem haben, was wir gerne hätten, und nur ein klein wenig mehr davon würde uns auf den Gipfel des völligen Glücks bringen.

Glauben Sie gelegentlich, dass mehr besser ist? Dann listen Sie auf, bei welchen Dingen Sie so denken. Wovon hätten Sie gerne mehr und was erwarten Sie sich davon:

Passivität

Die Einstellung, dass Glück reine Glückssache ist, lässt uns untätig bleiben. Doch Glück müssen und können wir uns erarbeiten. Es wartet auf uns, wenn wir darauf zugehen. Nicht umgekehrt. Wenn wir auf Glückskinder treffen, denen alles einfach zu gelingen scheint, übersehen wir leicht, was diese Menschen von »Unglücksraben« deutlich unterscheidet: ihre Aktivität und innere Einstellung. Glückliche Menschen vertrauen auf die eigenen Fähigkeiten, arbeiten aktiv daran, hoffen stets das Beste, lassen sich nicht entmutigen, erkennen sich bietende Chancen und nutzen diese.

Bei welchen Träumen glauben Sie, dass diese nur durch ein Wunder wahr werden können?

Gewohnheit

Der Mensch ist ein Gewohnheitstier. In manchen Lebensbereichen ist das sehr sinnvoll, aber wenn jeder Tag austauschbar wird, weil keiner sich vom anderen unterscheidet, stellt sich Langeweile ein, aus der über kurz oder lang Frust und Unzufriedenheit erwachsen. Jeden Tag das Gleiche ist Gift für die Lebenslust. Verbringen Sie jeden Abend vor dem Fernseher? Warum lesen Sie stattdessen nicht mal ein Buch oder gehen ins Kino? Was hindert Sie daran?

Schreiben Sie hier auf, welche »lieben« Gewohnheiten Sie daran hindern, dass mehr Schwung in Ihr Leben kommt, und warum Sie das nicht tun:

Fehlende Achtsamkeit

Wir eilen durchs Leben und übersehen dabei schnell die vielen kleinen Glücksmomente, die jeder Tag beschert. Das kann das Lächeln einer Unbekannten sein, der perfekte Morgenkaffee, das Gefühl des weichen Pullis auf der Haut, das Zwitschern eines Vogels, die ersten Strahlen der Frühjahrssonne etc. Mangelnde Achtsamkeit für das Glück, das quasi auf der Straße liegt, kann blind machen. Wer »seine« Welt aufmerksam wahrnimmt, lernt sie auch mehr schätzen.

Entgehen Ihnen bisweilen auch die kleinen Glücksmomente? Dann sollten Sie diese bewusst machen. Schreiben Sie auf, über welche kleinen Dinge Sie sich zuletzt gefreut haben:

Starten Sie nun Ihr wahres Glück

Glückliche Menschen haben Träume, die sie auch zu verwirklichen suchen. Sie warten nicht darauf, dass ein Wunder geschieht. Sie tun, was sie tun wollen, und vergeuden keine kostbare Lebenszeit mit Dingen, die ihnen eigentlich nichts bedeuten. Wer dieser Glücks-Strategie folgt, träumt nicht nur, sondern ist aktiv.

Betrachten Sie Glück als Geschenk

Was wäre eine Welt voller Glück? Eine Welt ohne Arbeit, Mühen, Streitereien, Krieg und Tod, Krankheiten und Altern? Eine Welt, in der jeder zufrieden mit sich und seiner Umwelt leben würde? In dieser Superwelt wäre das Wetter immer perfekt, es gäbe weder Unwetter noch Katastrophen. Alles wäre irgendwie zur allgemeinen Zufriedenheit geregelt – es wäre das Paradies. Zum Glück ist die Welt genau so nicht! Wir würden »sterben« vor Langeweile. Jeder Tag wäre wie der vorhergehende. Worauf sollte man sich freuen?

Glücks-Strategie Nr.1: Warten Sie nicht, handeln Sie

Selbstmitleid und Unzufriedenheit sind Gefühle, die zeigen, dass sich etwas ändern muss. Diese Gefühle sind in Ordnung, aber sie halten uns fest in der Passivität und sind daher als Aufforderung zu verstehen: Werden Sie aktiv, um den Zustand zu ändern. Warten Sie nicht, bis jemand Ihre Talente entdeckt und Sie anfeuert. Seien Sie selbst Feuer und Flamme für das, was Sie tun, dann werden die anderen, zum Beispiel die Kollegen oder der Chef, irgendwann Ihr Potenzial erkennen. Wenn das nicht funktioniert, dann fantasieren Sie nicht, wie es woanders sein könnte. Gehen Sie los und recherchieren Sie. Fragen Sie sich: Welchen Beruf würde ich wählen, wenn alles möglich wäre? Womit würden ich gerne mein Geld verdienen, wenn ich die passende Ausbildung hätte?
Empfinden Sie es als Vergnügen, dass Sie selbst handeln, entdecken und gestalten können. Informieren Sie sich, versuchen Sie Einblick in den Job

zu bekommen, der Ihnen vorschwebt. Fragen Sie sich selbst nach Ihren Neigungen. Prüfen Sie, welche Fähigkeiten und Kenntnisse Sie sich noch aneignen sollten, wenn Sie einen neuen Weg einschlagen möchten. Machen Sie Weiterbildungen. Lesen Sie Stellenanzeigen. Schreiben Sie Bewerbungen. Schaffen Sie sich Ihren eigenen Arbeitsplatz, indem Sie der ausgewählten Firma aufzeigen, wie Sie durch Ihre Mitarbeit nützlich sein könnten.

Glücks-Strategie Nr.2: Sorgen Sie für Abwechslung

Der Mensch ist zwar ein Gewohnheitstier, aber wenn jeder Tag dem vorherigen gleicht, ist das Gift für die Lebenslust. Wir brauchen Vielfalt und neue Herausforderungen. Gerade die Kontraste sind Quellen des Glücks. Der Wechsel aus Gewohntem und Ungewohntem, aus Vorhersehbarem und Überraschendem ist ein probates Mittel gegen die Abstumpfung der Sinne. Es gibt viele kleine Möglichkeiten, dem Alltag neuen Schwung zu verleihen. Fangen Sie heute noch damit an!

Ein Kontrastprogramm zu schaffen ist einfach: Wählen Sie aus den folgenden Vorschlägen einen aus oder kreieren Sie selbst einen Vorschlag und setzen Sie ihn morgen bewusst in die Tat um!

- Wenn Sie sonst jeden Abend vor dem Fernseher verbringen, dann lesen Sie morgen stattdessen ein Buch oder Zeitschriften oder gehen Sie ins Kino.
- Wenn Sie immer nur gedeckte Farben tragen, dann setzen Sie morgen einen farbigen Akzent zum Beispiel durch einen Pullover in kräftigem Gelb oder Rot.
- Wenn Sie die meiste Zeit alleine verbringen, oder nur mit dem Partner oder der Familie zusammen sind, dann laden Sie morgen jemanden ein.
- Wenn Sie die Wochenenden nur zu Hause rumgammeln, dann planen Sie fürs kommende Wochenende einen Ausflug, einen Museumsbesuch oder einen Kurzurlaub oder melden Sie sich für ein interessantes Wochenendseminar an.
- Wenn auf Ihrem Speiseplan stets die gleichen Gerichte wiederkehren, dann kochen Sie morgen etwas Außergewöhnliches oder gehen in einem Restaurant essen.
- Wenn Sie in einer bestimmten Situation immer das gleiche Verhaltensmuster anwenden, dann machen Sie einmal genau das Gegenteil davon. Es geht nicht um Recht haben, sondern um die Erfahrung, was passiert, wenn Sie einmal ganz anders reagieren.

Glücks-Strategie Nr.3: Schauen Sie weniger fern

Wir sitzen mittlerweile im Durchschnitt täglich über dreieinhalb Stunden vor dem Fernseher. Umgerechnet auf ein gesamtes Leben, bedeutet dies, dass wir mehr Zeit mit Fernsehen verbringen als zum Beispiel mit Arbeiten. Rechnen Sie einmal aus, wie viele Stunden Sie pro Woche fernsehen. Eine Studie hat ergeben, dass ein amerikanischer Teenager bis zum Ende der Highschool rund 30 000 Morde im Fernsehen gesehen hat. Wie steht es mit Ihnen?

Wir beschäftigen uns mit dem »aufregenden« Leben der Serienhelden und Filmfiguren, statt diese kostbare Zeit mit dem Partner, der Familie oder den Freunden zu verbringen. Sie könnten in diesen Stunden jede Menge gemeinsam unternehmen, einem Hobby nachgehen oder Sport treiben. Dazu kommt: Je mehr wir fernsehen, desto mehr überschätzen wir den Wohlstand und das Glück der anderen und umso ärmer halten wir uns selbst. Übermäßiges Fernsehen kann dazu führen, dass wir weniger zufrieden sind mit dem, was wir haben.

Starten Sie daher noch heute Ihr TV-Entwöhnungsprogramm, indem Sie am Abend mal ganz aufs Fernsehen verzichten. Verbringen Sie die gewonnene Zeit mit etwas, was Ihnen Freude macht. Für die Zukunft könnten Sie sich ein oder zwei oder sogar mehr fernsehfreie Abende pro Woche »verschreiben«. Es ist schon viel gewonnen, wenn Sie nicht mehr gewohnheitsmäßig den Kasten einschalten, sondern sich vorher jedes Mal bewusst überlegen, ob Sie jetzt wirklich fernsehen wollen oder nicht.

Glücks-Strategie Nr.4: Fühlen Sie die Leidenschaft

Wer von Amors Pfeil getroffen wurde, der schwebt auf Wolke sieben und braucht nur noch Luft und Liebe zum Leben. Denn die Liebe lockt das Glück. Das Gleiche gilt, wenn wir etwas Neues beginnen. Aber nach einer gewissen Zeit lässt der Rausch der Verliebtheit oder der Reiz des Neuen nach und Selbstverständlichkeit stellt sich ein. Die Gefahr dabei: Eintönigkeit zerstört Leidenschaft. Jetzt müssen wir selbst für Aufregung, Abwechslung und Abenteuer sorgen. Ein romantisches Abendessen, ein unerwartetes Geschenk, ein Kompliment oder eine plötzliche Liebesbekundung mobilisiert Glücksgefühle. Brechen Sie aus der Routine aus! Überraschungen sind das Geheimnis glücklicher Beziehungen, denn sie bewahren den Zauber der Liebe.

Glücks-Strategie Nr.5: Fördern Sie Gemeinsamkeiten

Wenn wir Liebe und Freundschaft erfahren, erfüllt uns das mit Glücksgefühlen. Die Nähe zu anderen, das gemeinsame Erleben tun uns gut. Gemeinsamkeit und Geselligkeit machen einfach glücklich. Ein Abend im Kreis von Freunden, ein Ausflug mit Gleichgesinnten, Unterstützung durch Kollegen, Hilfe von der Familie – all das gibt uns das Gefühl von Geborgenheit, verleiht uns Stärke und Selbstvertrauen. Einsamkeit belastet dagegen unser Gemüt. Die Angst, verlassen zu werden, die Furcht, keine Unterstützung und Zuneigung von anderen zu erfahren, ist quälend. Wir brauchen den Kontakt. Die einzige Ausnahme ist der selbst gewählte Rückzug zur Erholung für eine begrenzte Zeit.
Pflegen Sie also Ihre Freundschaften und Kontakte. Nehmen Sie sie nicht für selbstverständlich. Jede Beziehung lebt davon, dass man sich um den anderen auch kümmert. Gemeinsamkeit ist keine Einbahnstraße, sondern bedeutet ein Geben und Nehmen.

Glücks-Strategie Nr.6: Suchen Sie Flow-Erlebnisse

Der Begriff Flow wurde von dem Psychologen Mihaly Czikszentmihalyi geprägt. Damit bezeichnet man den Zustand, wenn Menschen ganz in einer Tätigkeit aufgehen, völlig darin versunken sind und darüber alles andere um sich herum vergessen.
Fragen Sie sich deshalb: Was mache ich gerne, was zieht mich in den Bann, welche Beschäftigung fesselt mich? Um den Flow zu erleben, also in einen Zustand der Selbstvergessenheit zu gelangen, müssen Sie das, was Sie tun, mit Hingabe tun. Richten Sie Ihre ganze Aufmerksamkeit auf die Sache. Wenn Sie etwa malen, dann bleiben Sie dabei und unterbrechen sich nicht, um zwischendurch zu telefonieren oder etwas anderes zu tun. Sie sollten auch die Regeln kennen oder verstehen, damit Sie sich in die Sache wirklich vertiefen können. Wenn Sie zum Beispiel ein Instrument spielen wollen, dann sollten Sie die Grundlagen dafür beherrschen. Außerdem ist es wichtig, ein Ziel zu haben, zum Beispiel ein bestimmtes Musikstück fehlerfrei spielen zu können oder die Lösung für ein kniffliges Problem zu finden.
Voraussetzung für das Flow-Erlebnis ist es also, sich über einen längeren Zeitraum auf eine Sache konzentrieren zu können. Dies erfordert etwas Übung und gelingt Ihnen vielleicht nicht gleich beim ersten Mal. Die

Gedanken schweifen ab, Sie lassen sich leicht ablenken. Eine konzentrierte Haltung ist jedoch erlernbar und erstrebenswert. Sie braucht nur etwas Übung, also geben Sie nicht auf.

Flow-Erlebnisse

Es gibt zahlreiche Aktivitäten, bei denen wir den Flow-Zustand erleben können. Dazu gehören Freizeitaktivitäten ebenso wie Aufgaben, die wir im Beruf erfüllen müssen: einen Text schreiben, ein Computerproblem lösen, laufen, schwimmen, musizieren, lesen, malen, tanzen, basteln, spielen, etwas reparieren, im Garten arbeiten, das Auto waschen, aber auch interessante Gespräche oder hingebungsvoller Sex.
Füllen Sie Ihre freie Zeit mit Aktivitäten, Hobbys, Spielen oder Sport aus. Denn Beschäftigungen wie diese fördern Flow-Erlebnisse. Unstrukturierte Freizeit, Leerläufe, Langeweile sind hingegen Garanten für Frust. Nach einem Wochenende ohne sinnvolle Beschäftigung beginnen Sie die neue Woche sicher ohne Schwung und großen Optimismus. Waren Ihre freien Tage jedoch erfüllt mit motivierenden Aktivitäten, haben Sie trotz der Spannung und Konzentration während des Tuns Körper, Geist und Seele richtig entspannt. Die Selbstvergessenheit während des Flows bietet eine Quelle, um abzuschalten, loszulassen und wieder aufzutanken.

Notieren Sie hier, welche Flow-Aktivitäten Sie gerne tun oder tun würden:

Glücks-Strategie Nr.7: Gestehen Sie sich Glück ein

Wenn ich mein Leben noch einmal leben könnte, dann würde ich … Solche rückwärtsgewandten Überlegungen bringen nicht weiter. Richten Sie Ihren Blick stattdessen auf die Gegenwart, auf das, was Sie gerade haben: Gibt es hier nichts, was Sie schätzen? Beschert Ihnen nicht jeder Tag kleine Freuden, Glücksmomente und Überraschungen, für die Sie dankbar sein können? Dankbarkeit und Freude lassen sich trainieren, indem wir unsere Achtsamkeit schulen. Die Schönheit liegt im Auge des Betrachters. Lenken Sie Ihre Wahrnehmung daher bewusst auf die positiven Ereignisse in der Gegenwart, dann werden Sie sich mit der Zeit tatsächlich glücklicher fühlen. Außerdem fördert diese Aufmerksamkeit die Dankbarkeit für die kleinen Glücksmomente, die sonst im Trubel des Alltags leicht verloren gehen können.

Glücks-Strategie Nr.8:
Lachen Sie öfter, auch ohne Grund

Lachen ist gesund, sagt der Volksmund. Denn Lachen ist nicht nur ein Ausdruck von Heiterkeit, es tut auch Körper und Seele gut. Damit ist nicht das Lachen aus Schadenfreude gemeint, sondern das Lachen über eine lustige Situation, einen Witz, eine witzige Grimasse und auch das Lachen über sich selbst: Humor ist der gütige Blick auf die eigenen Schwächen. Jeder hat schon erlebt, wie befreit und entspannt man sich nach einem Lachanfall fühlt. Doch statistisch gesehen, ist uns das Lachen längst schon vergangen. Während Kinder bis zu vierhundert Mal am Tag lachen, bringen Erwachsene es gerade noch auf fünfzehn Mal.
Fest steht: Lustige Menschen sind gesünder und glücklicher. Die Wissenschaftler konnten messen, dass Lachen die Atmung aktiviert, das Herz-Kreislauf-System ankurbelt, die Durchblutung der Muskulatur verbessert, Stresshormone abbaut, die Verdauung anregt, die Immunabwehr stärkt und den Körper dazu anregt, vermehrt die körpereigenen Glückshormone auszuschütten. Locken Sie also das Lachen aus der Reserve, indem Sie es bewusst versuchen. Stellen Sie sich zum Beispiel vor den Spiegel und schneiden Sie Grimassen. Lachen Sie einfach mal los, auch über einen noch so blöden Witz. Wenn Sie beim Autofahren jemand ärgert, dann werfen Sie ihm mal eine Kusshand zu, und schenken Sie Miesepetern ein besonders schönes Lächeln. Denn Aktion gleich Reaktion – das Lächeln kommt zurück, wenn Sie es verschenken.

Glücks-Strategie Nr.9:
Lieben Sie, was Sie tun!

Wer das, was er tut, nicht liebt, wird schwerlich glücklich werden. Dabei geht es nicht darum, dass Sie jeden Moment Ihrer Zeit mit wundervollen Tätigkeiten verbringen, es geht um Ihre »Hauptbeschäftigung«, also um

Ihre Arbeit. Das kann Ihr Job sein, die Ausbildung, der Haushalt, die Kindererziehung oder eine ehrenamtliche Tätigkeit. Es geht nicht um eine äußere Wertung der Tätigkeit, ob sie zum Beispiel objektiv gesehen sinnvoll ist oder nicht. Wichtig ist nur, dass Sie sie lieben.
Fragen Sie sich also: Liebe ich, was ich tue? Wenn nicht, gehen Sie dem Gefühl auf den Grund. Ab und zu meckert jeder mal über seine Tätigkeit. Bleibt es die Ausnahme, ist das wunderbar. Doch wer ständig nörgelt, wird immer unzufriedener. Laut Umfragen sind zwei Drittel aller Deutschen mit ihrem Job unzufrieden und über 70 Prozent sind am Arbeitsplatz offenbar so frustriert, dass sie nur noch Dienst nach Vorschrift machen.
Nur wie geht das, mit seiner Aufgabe zufrieden zu sein und zu bleiben? Meist ist es der eigene Blickwinkel, der über Zufriedenheit oder Unzufriedenheit entscheidet. Stellen Sie sich daher zwei Fragen:

Frage 1: Ist die Unzufriedenheit begründet?

Stimmen die Inhalte, das Gehalt, die Arbeitszeiten, das Arbeitsklima, die Wertschätzung etc.? Gibt es konkrete Gründe für den Frust, dann muss man handeln und zum Beispiel ein Gespräch mit dem Vorgesetzten oder dem Partner führen. Wichtig dabei ist: Nicht nur jammern, sondern konkrete Lösungsvorschläge anbieten. Agieren Sie selbst, indem Sie dem Vorgesetzten oder dem Partner Möglichkeiten zeigen, was wie geändert werden könnte. Führt das zu keinem Erfolg, müssen Sie die Konsequenzen ziehen. Das bedeutet, sich zum Beispiel nach einer neuen Arbeitsstelle oder einem anderen Job umzusehen, oder sich für die Hausarbeit eine Hilfe zu engagieren und sich eine andere Beschäftigung zu suchen.

Frage 2: Was genau macht mich unzufrieden?

Gibt es nur so ein Gefühl der Unzufriedenheit, das sich nicht an konkreten Problemen festmachen lässt? Dann müssen Sie erst einmal herausfinden, was Ihnen bei Ihrer Arbeit angenehm ist und was Ihnen unangenehm ist. Schreiben Sie es auf! Unter »angenehm« listen Sie alle Vorteile auf, die mit der Tätigkeit verbunden sind. Beim Job können das zum Beispiel das feste Gehalt, die Kollegen, der bezahlte Urlaub und die Arbeit sein. Im Haushalt können das die freie Zeiteinteilung, bestimmte Arbeitsbereicht etc. sein. Unter »unangenehm« kommen alle Punkte, die Sie unzufrieden machen: ein rauchender Kollege, ein entscheidungsschwacher Chef, ein schlechtes Gehalt, viele Überstunden. Im Haushalt vielleicht die mangelnde Anerkennung, immer parat sein zu müssen, Überlastung etc. Wägen Sie die Punkte gegeneinander ab und treffen Sie eine Entscheidung. Vielleicht müssen Sie nur Ihre Einstellung ändern und Ihren Blick mehr auf die positiven Dinge richten? Möglicherweise steht aber auch eine größere Veränderung an.

Glücks-Strategie Nr.10: Finden Sie heraus, was Sie glücklich macht

Für viele bedeutet Glück materieller Überfluss. Mein Haus, mein Auto, mein Boot … Sie kennen diese Sprüche. Aber fragen Sie sich: Ist es wirklich das, was mich glücklich macht? Es kann doch nicht nur darum gehen, dem hinterherzulaufen, was andere Ihnen als Glück verkaufen wollen. Wer selbst entscheidet, was für ihn zählt, ist auf dem besten Weg, ein Glückspilz zu werden. »Ich glaube, dass das Glück nur in der heiteren Auffassung des Lebens und in der Vortrefflichkeit des Herzens und nicht in den äußeren Umständen liegt«, lautete die Glücksdefinition des russischen Dichters Fjodor Michailowitsch Dostojewski.

Erinnern Sie sich an Glücksmomente

Erinnern Sie sich an schöne Momente, die Sie erlebt haben, dann kann Ihnen klar werden, was Glück für Sie alles bedeuten kann.

Schreiben Sie hier ein paar Situationen auf, die Ihnen in den letzten Tagen einen Glücksmoment bereitet haben (z. B. ein Kompliment):

Diese Liste kann Ihnen zeigen, wie leicht es sein kann, etwas Schönes zu erleben. Sie macht Ihnen bewusst, was bei Ihnen ein gutes Gefühl auslöst.

Was ist Ihnen wichtig?

Überlegen Sie, welche Dinge oder Menschen Sie auf eine einsame Insel mitnehmen würden.

Schreiben Sie diese hier auf – es dürfen maximal zehn sein:

Diese Auflistung kann Ihnen verdeutlichen, welche Werte, Vorhaben, Beschäftigungen und vielleicht auch Menschen in Ihrem Leben eine so wichtige Rolle einnehmen, dass Sie darauf nicht verzichten möchten.

Woran hängt Ihr Herz?

Überlegen Sie, welche Dinge Sie bei einem Wohnungsbrand unbedingt retten würden. Das macht Ihnen deutlich, welche Dinge für Sie und in Ihrem Leben eine so wichtige Rolle spielen, dass Sie ohne sie nicht sein möchten (z.B. Fotoalben).

Schreiben Sie diese Dinge hier auf – maximal fünf:

Was wollen Sie für immer behalten?

Bestimmte Dinge sind ein so wichtiger Teil von uns, dass wir uns davon nie trennen möchten. Sie symbolisieren ein Stück unseres Lebens. Welche Dinge unter Ihren Besitztümern sind Ihnen so wichtig, dass Sie sie am liebsten mit ins Grab nehmen würden (z.B. den Ehering)?

Schreiben Sie diese Dinge hier auf – maximal zwei:

Fazit

Sie haben ein paar Minuten spielerisch über das Glück nachgedacht. Dabei haben Sie sich bewusst gemacht, was bei Ihnen Glücksgefühle auslöst, welche Dinge und Menschen Ihnen wichtig sind. Gehen Sie achtsam mit ihnen um! Sie haben gesehen, wie Sie aus eigener Kraft das Glück locken können. Machen Sie sich das immer wieder bewusst, denn es gibt viele Glücksbausteine.

Glücks-Strategie Nr.12: Erfüllen Sie sich Ihre Träume

Spätestens jetzt sollte Ihnen bewusst geworden sein, was Sie glücklich machen kann. Wenn es einen großen oder kleinen Traum gibt, der noch auf seine Erfüllung wartet, dann mobilisieren Sie nun wieder Ihre inneren Kräfte, um sich einen Wunsch zu erfüllen und das Glück wie einen Magnet anzuziehen. Sie kennen ja bereits die vier Schritte aus dem Wunschprogramm (siehe S. 18).
Fangen Sie sofort damit an! Denn nun wissen Sie ja, dass jeder sein Glück machen kann.

Glücks-Strategie Nr.13: Erinnern Sie sich in Ihrem Tagebuch

Ergänzen Sie ab nun Ihr Tagebuch um einen weiteren Aspekt:

- Welche glücklichen Momente und Fügungen sind mir heute zuteil geworden?

Schreiben Sie auf – Stichpunkte genügen –, worüber Sie sich heute gefreut haben, worüber Sie gelacht haben oder wann dieser wunderbare Glücksschauer durch Ihren Körper gefahren ist. Es geht nicht um das große Glück, sondern um die Momente oder Erfahrungen, die Sie – und wenn auch nur für einen Augenblick – fühlen ließen, dass es ein wahres Glück ist, zu leben und hier zu sein.
Das Aufschreiben eigener Glückserfahrungen wird auch Ihre philosophische Seite fördern! Schon beim Rückbesinnen werden Sie erneut das Glück spüren. Dieses gute Gefühl wird Ihre Stimmung heben, Ihre Seele zum Klingen bringen und Ihre »innere Schwingung« erhöhen: Sie erzeugen damit selbst »good vibrations«!

stop!

Raus aus dem Stresskarussell

go!

und das Tempo selbst bestimmen

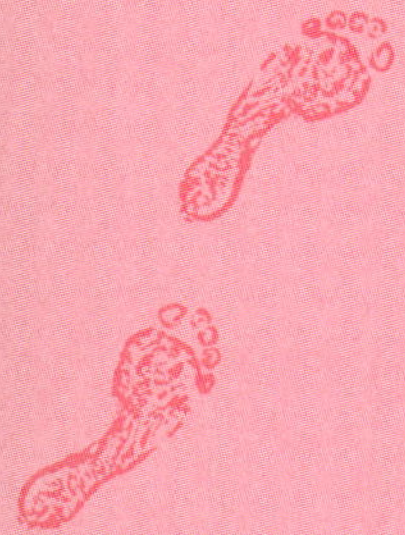

Alltagsdruck und Belastung werden immer größer und statt dem Einhalt zu gebieten, versuchen wir alles zu schaffen, indem wir es immer schneller erledigen. Wir sind häufig nicht aus Zeitmangel gestresst. Vielmehr ist es umgekehrt: Wir haben keine Zeit, weil wir gestresst sind. Um den Stress zu reduzieren, hilft es, ein neues Zeitbewusstsein zu entwickeln, seine Zeit besser zu managen und einen kritischen Blick auf die Prioritäten zu werfen.

Legen Sie Verschnaufpausen ein!

Je älter wir werden, umso schneller scheint die Uhr gegen uns zu laufen. Tage, Wochen und Monate vergehen wie im Flug. Es ist paradox: Obwohl uns die moderne Technik entlasten soll, zerrinnt uns die gewonnene Zeit zwischen den Fingern. Stress ist ein ständiger Begleiter geworden. Wer davon spricht, signalisiert Aktivität, Leistung und Wichtigkeit. So getrieben, erledigen wir alles und bleiben dabei auf der Strecke. Höchste Zeit, einmal innezuhalten und darüber nachzudenken, welche Auswirkungen der ganze Stress auf unseren Körper hat.

Wenn Stress krank macht

Ein Termin jagt den nächsten: Wir müssen den Job meistern, die Familie versorgen, uns um Freunde und Kollegen kümmern, nebenbei einkaufen, das Auto aus der Werkstatt holen, Rechnungen bezahlen, ein Geburtstagsgeschenk organisieren und zum Friseur, Arzt, Steuerberater und Elternabend gehen. Wo bleibt da noch Zeit für eine Verschnaufpause?
Jeder kennt Stress, er ist Teil unseres Lebens. Und ohne ihn gäbe es uns nicht mehr. Denn Stress ist ein Alarmsystem, das uns vor Gefahr warnt und so unser Überleben sichert. Bis zu einem gewissen Grad ist es also eine lebensnotwendige Strategie.

Die Stressreaktion

Das Stressprogramm läuft ohne unser Zutun und seit Urzeiten nach dem gleichen Muster ab. Bei drohender Gefahr werden die Stresshormone Adrenalin und Kortisol ausgeschüttet, und mit einem Schlag sind wir höchst aufmerksam und bereit zu reagieren. Der gesamte Organismus wird in Alarmbereitschaft versetzt, im Bruchteil einer Sekunde wird eingeschätzt, wie gefährlich eine Situation ist, und dann entschieden, ob Flucht oder Kampf die beste Überlebenschance bietet. Wenn die Gefahrensituation vorbei ist, wird das Adrenalin wieder abgebaut, doch das Kortisol sorgt dafür, dass der Organismus noch mehrere Stunden aktiviert bleibt, wenn auch nicht mehr auf höchster Stufe.

An diesem Mechanismus hat sich bis heute nichts geändert, er schaltet sich ein, sobald Gefahr droht, gleichgültig, ob uns ein wildes Tier bedroht, oder ob die Gefahren anderer Natur sind.

Chronischer Stress macht krank

Heute sind es weniger die Begegnungen mit wilden Tieren, die Stress auslösen, sondern in der Regel hohe Belastungen in Beruf und Alltag. Aber auch Unzufriedenheit mit der eigenen Lebenssituation, Angst, Trauer und Krankheit belasten und führen zu Stress. Gefühle wie Ärger und Wut können Stress verursachen, wenn sie nicht ausagiert werden. Lampenfieber vor einer Prüfung oder einer Rede führt ebenfalls zu einer körperlichen Stressreaktion, ebenso wie die Vorfreude auf eine Urlaubsreise Stress erzeugt.

Entscheidend ist nicht die Art des Stresses, sondern seine Dauer. Akuter Stress setzt Energie frei, regt an, gibt positive Impulse, spornt zu Leistungen an und hilft uns, in einer Gefahrensituation zu reagieren. Wenn die Situation vorbei ist, werden die ausgeschütteten Stresshormone wieder abgebaut: Wir haben eine Prüfung hinter uns gebracht, ein Projekt abgeschlossen oder auch einen Konflikt ausgetragen.

Wenn die belastende Situation jedoch anhält, der Körper wiederkehrend oder ständig von Stresshormonen durchströmt wird und keine Gelegenheit hat, sie vollständig abzubauen, kann der Stress chronisch werden und unser Wohlbefinden beeinträchtigen. Chronischer Stress macht krank: Kopfschmerzen, Magen- und Verdauungsprobleme, Depressionen, Schlafstörungen, Verspannungen oder Rückenschmerzen sind die Folge. Wir werden unruhig oder gereizt. Um dies zu vermeiden, müssen wir für die Energie, die sich in Stresssituationen aufbaut, ein Ventil finden.

Balance von Be- und Entlastung

Körper und Seele brauchen nach Belastungen immer wieder Ruhephasen und Entspannungsmomente, um gesund zu bleiben. Dies ist insbesondere bei chronischem Stress wichtig, da der Körper dem ständigen Ansturm von Stresshormonen nicht gewachsen ist. Sie müssen sich selbst darum kümmern, die Energie loszuwerden. Nur wer seine Batterien regelmäßig auflädt und so die innere Balance von Belastung und Entlastung hält, kann sein Leben in vollen Zügen genießen. Wer es nicht schafft, abzuschalten, der kann es lernen! Denn zeitgemäße Stressbewältigung ist keine Geheimwissenschaft.

Springen Sie vom Stresskarussell ab

Ein Wellness-Wochenende oder Urlaub bringen nur kurzfristig Erholung. Solche Erste-Hilfe-Maßnahmen helfen nur bei gelegentlicher Anspannung, sie lindern aber nicht den Dauerstress, der unsere Seele belastet. Wer permanent unter Druck steht, muss also mehr für sich tun und tiefer gehen. Um das eigene Lebenstempo selbst bestimmen zu können, müssen wir das Leben mit unseren eigenen Zielen und die Ziele mit unseren eigenen Fähigkeiten in Einklang bringen.
Jeder Mensch tickt anders, deshalb brauchen wir auch unterschiedliche Verschnaufpausen. Doch nicht jeder weiß, wie er am besten abschalten kann.

Finden Sie Ihre Zeitreserven im Alltag

Wie haben heute viel mehr Freizeit als die Menschen früherer Zeiten, leiden also nicht unter Zeitmangel. Doch wir haben jede Menge Zeit, die wie nicht richtig nutzen. Überlegen Sie sich einmal, was an Terminen Sie sich innerhalb einer Woche vornehmen. Zweimal die Woche eventuell ins Fitnessstudio, Mittwochabend zum Skat oder in die Volkshochschule …? Die Liste lässt sich sicherlich beliebig ausbauen. Für alle gilt, dass es keine Erholung ist, wenn die Freizeit mit Terminen voll gestopft wird. Denn dann entsteht ein neuer Druck: der Freizeitstress. Ebenfalls für alle gilt: Erholung ist ein aktiver Prozess.
Wo sind die Momente, in denen wir gar nichts tun oder nur das, wozu wir Lust haben? Die Zeiten, in denen keiner etwas von uns will und wir einfach innehalten können? Wir brauchen diese Momente, weil sie uns zur Ruhe kommen lassen und wir uns wieder selbst spüren können.
Ein Tag hat vierundzwanzig Stunden, aber Sie kennen bestimmt das Gefühl, dass die Zeit wie im Flug vergeht. Wo bleiben all diese Stunden und Minuten? Um das herauszufinden, schreiben Sie einmal eine Woche lang auf, was Sie machen. Ein normaler Arbeitstag eines Singles sieht vielleicht so aus: Schlafen ca. sieben Stunden, Körperpflege (waschen, anziehen etc.) ca. eine Stunde, Arbeiten inklusive Hin- und Rückfahrt ca. zehn Stunden, Haushalt (einkaufen, kochen, essen, sauber machen etc.) ca. zwei Stunden, Sport ca. eine Stunde, das macht insgesamt einundzwanzig Stunden, die jeden Tag verplant sind. Die restlichen drei Stunden stehen für Sonstiges zur Verfügung.
Tragen Sie in der folgenden Tabelle eine Woche lang ein, wie viele Stunden Sie womit verbringen. Sie können natürlich auch selbst eine Tabelle erstellen, die genau auf Sie zugeschnitten ist.

Timeplaner

	Mo	Di	Mi	Do	Fr	Sa	So
Schlafen							
Körperpflege							
Zeit am Arbeitsplatz							
Hin-/Rückfahrten zum/vom Arbeitsplatz							
Einkaufen							
Sauber machen							
Kochen							
Essen							
Kinder versorgen							
Fernsehen							
Sonstiges							
Für sich selbst							
Aktivitäten insgesamt (in Stunden)							

Betreiben Sie bewusstes Zeitmanagement

Wenn Sie diese Tabelle eine Woche lang geführt haben, schauen Sie sich das Ergebnis in Ruhe an. Stellen Sie fest, was mit Ihrer Zeit passiert. Bleibt Ihnen genügend Zeit für sich, für Ihre eigenen Bedürfnisse? Für Ihre Fitness, Beziehung, Freunde, für das Ausgehen oder Ausruhen? Überlegen Sie, worauf Sie möglicherweise verzichten können (z. B. Fernsehen), was Sie delegieren könnten (z. B. Sauber machen) und wovon Sie gerne mehr hätten (z. B. Freunde treffen). Definieren Sie einmal bewusst Ihre eigenen Prioritäten und versuchen Sie, auf dieser Basis einen neuen Stundenplan zu entwickeln, in den Sie Ruheinseln einbauen, um zu entspannen und wieder aufzutanken.

Wenn wir den Großteil unserer freien Zeit vor dem Fernseher verbringen, geht uns diese Zeit wirklich verloren. Dagegen machen Hobbys, Sport und persönliche Interessen, die uns fordern und erfreuen, die Freizeit zu dem, was sie sein soll: Zeitinseln, um zu entspannen, zu sich selbst zu kommen, Luft zu holen, Anregungen zu bekommen, Austausch mit anderen zu erleben. Aktive Beschäftigung füllt unsere Tanks wieder auf.

Versetzen Sie sich aktiv in den Ruhezustand

Wer gestresst ist, ist meist zu echter Muße nicht mehr fähig. Viele haben den Zeitpunkt verpasst, Halt zu rufen. Und so drehen wir uns unentwegt in unserem Stresskarussell und finden weder Bremspedal noch Ausstieg. Doch es gibt einen Ausweg! Entspannungsmethoden (siehe Seite 146f.) sind eine äußerst wirksame Möglichkeit, den inneren Erregungslevel wieder zu senken. Sie versetzen den Körper in einen Ruhezustand zurück, in dem wir uns nicht nur wieder bewusst wahrnehmen können, sondern auch langfristig Stress abbauen. In Kombination mit sportlicher Bewegung werden wir dadurch zudem stressresistenter. Denn leichte körperliche Anstrengung hilft beim Abschalten nach einem anstrengenden Tag und stärkt die eigenen Abwehrkräfte.

Trainieren Sie ein Anti-Stress-Verhalten

Wer dauernd unter Stress steht, hat Denkmuster wie »Ich muss perfekt sein und immer funktionieren«, oder »Ich kann es halt nicht ändern« tief verinnerlicht. Um auf Dauer dem Stresskarussell zu entkommen, müssen diese Denkmuster verändert werden. Wir sind ja der Situation nicht hilflos ausgeliefert, wir können etwas ändern, wenn wir die Kontrolle zurückgewinnen. Stress erzeugende Gedanken wie zum Beispiel: »Ich stecke im Stau und komme zu spät!« lassen sich auch umformulieren: »Davon geht die Welt nicht unter. Jeder kommt mal zu spät.« Wer in einer konkreten Stresssituation seine Situation überdenkt, indem er einen Schritt zurücktritt und sich aus der Distanz seine Rolle darin anschaut, kann seine Fähigkeiten und Grenzen besser einschätzen und vor allem akzeptieren. Das veränderte Denken wird dazu führen, dass wir uns weniger gestresst und ausgeliefert fühlen. Wir gewinnen die Kontrolle zurück und erkennen, was wir bewältigen können, was wir delegieren sollten und wann wir Stopp sagen müssen.

Es gibt eine einfache Methode gegen den Stress, die jeder überall und jederzeit anwenden kann: Klinken Sie sich regelmäßig kurz aus. Unterbrechen Sie den Alltag bewusst für einen Augenblick und tun Sie in diesen Pausen rein gar nichts. Setzen Sie sich einfach für einige Minuten hin und beschäftigen Sie sich gedanklich mit etwas Schönem, zum Beispiel Ihrem vergangenen oder bevorstehenden Urlaub – oder schauen Sie einfach nur in den Himmel. In dieser kurzen Zeit sinkt der Stresspegel und damit die Anspannung. Wer sich dann noch reckt, streckt und konzentriert ein paar Mal tief ein- und ausatmet, wird sich anschließend geistig und körperlich erfrischt fühlen.

TEST: Stress-Check

Bestimmen Sie selbst Ihr Lebenstempo?

Bei all dem Stress wird Zeit für sich selbst leicht zum echten Luxusgut. Doch wenn wir uns nicht genug um uns selbst kümmern, leidet sowohl unser Körper als auch unsere Seele. Wie steht es bei Ihnen? Fühlen Sie sich von Terminen und Anforderungen gejagt oder können Sie im Alltag Ruhe und Zeit für sich selbst finden?

1. Ihr Terminkalender ist randvoll. Wie starten Sie in den Tag?

a| Gelassen, weil ich alles wie gewohnt erledigen werde.
b| Angespannt, aber wenn nötig, mache ich halt Überstunden.
c| Erregt, denn nur wenn was passiert, fühle ich mich lebendig.
d| Gestresst, denn ich fühle mich schon am Morgen irgendwie überfordert.

2. Sie haben heute sehr viel um die Ohren. Wie gehen Sie vor?

a| Zack, zack. Ich treffe schnelle Entscheidungen, das beschleunigt alles.
b| Methodisch. Schritt für Schritt erledige ich eines nach dem anderen.
c| Mit Multitasking: Ich mache vieles gleichzeitig und parallel.
d| Vorsichtig, denn ich möchte in der Hektik keine Fehler machen.

3. Wann haben Sie zuletzt ein gutes Buch bis zu Ende gelesen?

a| Ich lese regelmäßig, bin aber ein Querleser und lese nicht alles zu Ende.
b| Das ist schon länger her, aber ich lese, wenn die Zeit es zulässt.
c| Ich komme einfach nicht dazu, bei mir stapeln sich die Bücher.
d| Im Urlaub, denn der Alltag lässt mir keine Zeit und Konzentration dafür.

4. Sie sind mit Arbeit völlig eingedeckt, als Sie um die Erledigung einer weiteren Sache gebeten werden? Was tun Sie?

a| Ich erkläre bestimmt, dass das leider noch warten muss.
b| Ich bitte um Bedenkzeit, um zu prüfen, ob ich es erledigen kann.
c| Bereitwillig, denn auf eins mehr kommt es jetzt auch nicht mehr an.
d| Hin und her gerissen, weil ich nicht Nein sagen kann, es ablehnen sollte.

5. Sie haben eine wichtige Verabredung und stecken im Stau – ohne Handy. Wie reagieren Sie?

a| Ich nehme es einigermaßen gelassen, weil ich es ja nicht ändern kann.
b| Ich gerate in Stress und nehme mir vor, nächstes Mal früher loszufahren.
c| Ich ärgere mich über den Stau und suche nach einer anderen Route.

d| Ich werde ziemlich nervös und komme völlig gestresst zu meiner Verabredung.

6. Das Wochenende ist verregnet. Was fangen Sie damit an?

a| Vielleicht lese ich mal wieder in einem guten Buch.
b| Ich erledige, was liegen geblieben ist, wie etwa die Steuererklärung.
c| Ich habe schon alles Mögliche geplant, und das Wetter spielt dabei keine Rolle.
d| Ich bleibe zu Hause und werde vermutlich viel nachdenken.

7. Sie haben sich über etwas sehr geärgert. Wie gehen Sie mit Ihrem Ärger um?

a| Ich mache eine Stunde Sport.
b| Ich schlucke ihn hinunter.
c| Ich lenke mich davon ab.
d| Ich nehme ihn mit nach Hause.

8. Ihnen ist ein Fehler unterlaufen. Wie gehen Sie damit um?

a| Bevor die Sache richtig problematisch wird, versuche ich den Fehler möglichst schnell zu beheben.
b| Ich untersuche genau, wie es dazu kommen konnte. Das kostet mich manchmal viel Zeit, dass ich nicht dazukomme, den Fehler zu korrigieren.
c| Ich habe überhaupt keine Zeit und Nerven für so etwas. Deshalb denke ich nicht lange darüber nach.
d| Ich kann mir den Fehler einfach nicht verzeihen und grüble lange darüber nach, wie es dazu kommen konnte.

9. Haben Sie Schlafstörungen?

a| Nur selten und wenn, dann hilft mir Bewegung, heiße Milch, ein Bad oder autogenes Training.
b| Ich habe feste Einschlafrituale, sonst kann es passieren, dass ich lange wachliege.
c| Ich gehe einfach sehr spät ins Bett.
d| Es gelingt mir manchmal nur schwer, das Gedankenkarussell abzuschalten. Aber irgendwann schlafe ich dann erschöpft ein.

10. Welches Sprichwort trifft am ehesten auf Sie zu?

a| Dem Glücklichen schlägt keine Stunde.
b| Gut Ding will Weile haben.
c| Zeit ist Geld.
d| Pünktlichkeit ist die Höflichkeit der Könige.

Auswertung

Notieren Sie hier, wie oft Sie welchen Buchstaben angekreuzt haben.

a = ... mal   **c** = ... mal
b = ... mal   **d** = ... mal

Der Buchstabe, den Sie am häufigsten angekreuzt haben, beschreibt, wie Sie mit Ihrer Zeit umgehen und ob Sie leicht in Stress geraten. Haben Sie mehrere Buchstaben gleich oft gewählt, lesen Sie alle entsprechenden Beschreibungen.

Überwiegend a: Sie bestimmen selbst über Ihre Zeit

Sie erkennen sehr gut, wann eine Situation Ihnen mehr Stress bereitet, als Ihnen gut tut. Mit dieser Erkenntnis können Sie dann auch ohne Probleme auf die Bremse treten. Sie entscheiden selbst, wie viel und was Sie sich zumuten können und wann es besser ist, einen Gang herunterzuschalten oder sogar die Notbremse zu ziehen.

Sie haben keine Probleme, sich vor zu viel Stress zu schützen, denn Sie können sich abgrenzen, aber genauso gut auch auf neue Herausforderungen einlassen. Die Frage ist nur, was eigentlich Stress für Sie ist: So sind Langeweile und Gleichförmigkeit zwei große Stressfaktoren. **Denn Stillstand bedeutet für Sie, dass nichts geschieht, doch Ihr wacher Geist braucht ständig neue Eindrücke und Abwechslung.** Deshalb werden Sie in ruhigeren Zeiten regelrecht nervös und tun alles dafür, um wieder Bewegung zu erzeugen.

Warum versuchen Sie nicht, Ruhepausen auch mal als das zu genießen, was sie sind: Verschnaufpausen für Ihren Körper und Ihre Seele und die Möglichkeit, wieder aufzutanken. Nutzen Sie die kurzen Phasen der Ruhe, um Ihre Bewertungsmaßstäbe zu hinterfragen und gegebenenfalls Ihren aktuellen seelischen und körperlichen Bedürfnissen anzupassen. **Wenn Sie jede ruhige Minute mit Aktivitäten füllen, verlieren Sie mit der Zeit den Zugang zu sich selbst.**

Überwiegend b: Sie nehmen sich aus Prinzip viel Zeit

Routine ist für Sie nichts Schlechtes, sondern der Garant für stressfreie Zeiten. Sie streben nach Überschaubarkeit und Struktur in Ihrem Alltag, und was Sie sich einmal vorgenommen haben, das bringen Sie auch konsequent zu Ende. Sie haben klare Vorstellungen und Erwartungen, an denen Sie auch festhalten, und Sie lassen sich nicht so leicht aus dem Gleichgewicht bringen. **Sie lassen sich Zeit, denn Sie wissen, dass alles seine Zeit braucht.** Aber Sie setzen sich ein und sind auch bereit, viel zu geben, sowohl im Beruf als auch im Privatleben.

Was Sie aus der Ruhe bringen kann, ist alles Unplanmäßige und Unvorhersehbare. Dann geraten Sie allerdings schnell unter Stress. Da Sie nicht wissen, wie Sie darauf am besten reagieren sollen, wägen Sie lange ab. So viel Zeit muss aus Ihrer Sicht auch sein, denn Sie wissen ja nicht, welche Folgen Ihre Reaktion haben kann. Bei all der Vorsicht laufen Sie allerdings Gefahr, sich auch einmal zu spät zu entscheiden. Dann verpassen Sie womöglich den richtigen Zeitpunkt und die Dinge wachsen Ihnen dann wirklich über den Kopf.

Warum beschreiten Sie nicht einmal einen ungewohnten Weg? Der erste Schritt mag anfangs noch Angst machen, aber mit jeder neuen Erfahrung werden Sie sich sicherer fühlen und in ungewohnten Situationen stressresistenter reagieren. Übung macht auch hier den Meister.

Überwiegend c: Ihnen läuft immer die Zeit davon

Es kann gar nicht hektisch genug sein, damit Sie sich wohl fühlen. **Je mehr Termine und Aktionen, umso besser fühlen Sie sich.** Das Leben ist zu kurz, um sich lange mit einer Angelegenheit aufzuhalten oder ewig mit Problemen herumzuschlagen. Schnelle Entscheidungen sind Ihre Spezialität. Deswegen verlieren Sie auch selten den Überblick, wenn andere schon am Durchdrehen sind.

Als »troubleshooter« sind Sie perfekt. Ihr Motto »Ich will alles und noch mehr« verleitet Sie jedoch dazu, sich zu viel aufzuhalsen oder zuzumuten. Wegen Ihres hohen Energiepotenzials merken Sie manchmal nicht, dass Sie an beiden Enden brennen. Fragen Sie sich einmal, warum Sie sich in so viele Dinge verstricken und einmischen. Gibt es da vielleicht Gedanken wie: »Ich bin unersetzlich«, oder: »Ohne mich geht nichts«, oder: »Das kann nur ich«? **Um aus diesem Gedankenkarussell herauszukommen, sind Ruhephasen unverzichtbar.** Versuchen Sie doch, statt bloßem Aktionismus einmal nur die Situation und Ihre Rolle darin zu beobachten. Versuchen Sie herauszufinden, wovor Sie davonlaufen. Die Entdeckung der »Leere« kann sehr aufschlussreich sein.

Überwiegend d: Sie brauchen ein neues Gefühl für Ihre Zeit

Was Sie angefangen haben, bringen Sie auch zu Ende. Ihre Zeitgenossen können sich hundertprozentig auf Sie verlassen. Sie halten Versprechungen und Zusagen ein, auch wenn das für Sie Nachteile haben kann. Diese Verlässlichkeit gibt Ihnen ein Gefühl von Kontrolle. In dieser Hinsicht sind Sie sind wie ein Fels in der Brandung.

Aber der Schein trügt. In ihrem Kopf kreisen unentwegt Gedanken wie: »Ich schaffe das nicht«, oder: »Ich kann das nicht.« **Das Abschalten fällt Ihnen schwer, Ihre Gedanken sind ständig mit irgendeinem Problem beschäftigt.** Die Folge ist Stress, der sich auf körperlicher Ebene wahrscheinlich in Kopfschmerzen oder Verspannungen äußert.

Nehmen Sie wahr, welche Signale Ihnen Ihr Körper schickt? Oder ignorieren Sie die Symptome? Auf geistiger Ebene schleichen sich Konzentrations- und Lernstörungen ein. Damit sind Fehler vorprogrammiert, was Ihre Angst vor dem Versagen noch mehr steigert. Leider geraten Sie so in einen Teufelskreis. Je länger Sie auf diese Weise weitermachen, umso mehr werden Sie den Stress spüren. **Brechen Sie aus dem Gedankenkarussell aus.** Ziehen Sie die Notbremse – wenn Sie es nicht allein schaffen, dann holen Sie sich professionelle Hilfe.

Was uns im Stresskarussell hält

Stress zu erkennen, seine Ursache und Wirkung wahrzunehmen, das fällt nicht immer leicht. Viele Situationen oder Verhaltensweisen, die wir für normal oder selbstverständlich halten, können uns aber Stress bereiten. Die alltägliche Hektik, häufige Streitereien in der Familie, hohe Anforderungen im Beruf, all das kann unser Stresslevel erhöhen, ohne dass wir uns dessen bewusst sind. Denn was viele nicht ahnen: Stress kommt nicht von außen, sondern entsteht allein in unserem Kopf.

Raus aus der Gedankenspirale

Was Stress ist, hängt nur von unserer persönlichen Bewertung ab. Wer immer perfekt sein will, betrachtet alles, was er tut und erlebt, unter diesem Aspekt. Wer immer pünktlich sein will, kämpft ständig gegen die Uhr. Wer alles selbst erledigen möchte und Angst davor hat, um Hilfe zu bitten oder zu versagen, baut in sich selbst die Stresshürde auf. Der Stress entsteht also nicht durch die Erwartung anderer, sondern durch unsere eigene. Um aus solchen Gedankenspiralen herauszufinden, müssen wir uns darüber klar werden, was uns stresst, wann wir gestresst reagieren und vor allem welche Gedankenmuster oder Verhaltensweisen uns eigentlich dazu bringen. Erst dann können wir anders reagieren.

Wichtigkeit

Es gibt keinen Ort mehr, an dem nicht ein Handy klingelt. Sei es im Auto, in der U-Bahn, im Theater oder im Restaurant. Manche halten sich für so wichtig und unverzichtbar, dass sie meinen, sogar in der Mittagspause und nach Feierabend erreichbar sein zu müssen. Keine Zeit zu haben und unter Strom zu stehen, gilt als Statussymbol. Denn der Stress zeichnet uns aus, lässt uns wichtig und bedeutend erscheinen.

Können Sie auch nur schwer (das Handy) abschalten? In welchen Situationen, Gedanken oder Handlungen denken Sie, dass »keine Zeit haben« eigentlich positiv ist?

Gewohnheit

Der Verkehrsstau auf dem morgendlichen Weg ins Büro, der tägliche Termindruck, die ständigen Überstunden, die häufigen Schlafstörungen und die dauernden Kopfschmerzen – bei manchen existiert der Stress schon so lange, dass sie sich ein Dasein ohne ihn gar nicht mehr vorstellen können. Sie hören zwar die gut gemeinten Ratschläge von Freunden oder Kollegen, endlich mal kürzerzutreten, aber sie wissen nicht, wie das überhaupt funktioniert. Sie setzen Ausspannen gleich mit Langeweile. Doch Entspannung kann nicht nur durch Muße, sondern vor allem auch durch Aktivität erreicht werden. Sport treiben, einem Hobby nachgehen, im Garten arbeiten – es gibt viele Möglichkeiten, etwas für sich zu tun. Der erste Schritt aus dem Stresskarussell wäre in diesen Fällen, eine Beschäftigung zu finden, die Freude macht und entspannt.

Welcher Stress ist in Ihrem Leben schon zur Gewohnheit geworden und warum eigentlich? Schreiben Sie das hier auf:

Zeitverschwendung

Wir sitzen stundenlang vor dem Fernseher oder vor dem Computer und vertrödeln so kostbare Stunden, die unserer Erholung und Entspannung dienen könnten. Es gibt viel leere Zeit im Alltag, die wir sinnvoll nutzen könnten. Der römische Philosoph Seneca hat einmal gesagt: »Es ist nicht zu wenig Zeit, die wir haben, sondern es ist zu viel Zeit, die wir nicht richtig nutzen.« Ob Sie Ihre Zeit »richtig« genutzt haben, merken Sie daran, wie Sie sich fühlen: Wenn Sie nach stundenlangem Computerspielen kaputt sind, haben Sie sich nicht entspannt. Fühlen Sie sich jedoch zufrieden, klar, wohlig, vielleicht auch müde, zum Beispiel nach einem flotten Spaziergang oder nachdem Sie etwas Interessantes gelesen haben, dann haben Sie für Ihren Körper und Ihre Seele etwas Gutes getan.

Gibt es in Ihrem Alltag auch sinnlos vergeudete Zeit? Schreiben Sie auf, wann Sie eigentlich aktiv entspannen könnten, aber Ihre Zeit sinnlos verstreichen lassen:

Reizüberflutung

Im Büro bekommen Sie täglich zig E-Mails und Anrufe, die möglichst alle sofort beantwortet beziehungsweise bearbeitet werden sollen. Dazu kommen Meetings, die wertvolle Zeit kosten, Staus, die den Weg zum Arbeitsplatz in die Länge ziehen, Überstunden, Fortbildung etc. Reizüberflutung ist ein echtes Problem unser Zeit. Es gilt, aus allen Aktivitäten, Anforderungen und Infos das herauszufiltern, was wichtig ist, und so mehr Zeit für sich selbst zu gewinnen. Dies setzt den bewussten Umgang mit den vorhandenen Ressourcen voraus.

Welche Reize »überreizen« Ihre Nerven? Listen Sie hier einmal auf, was Ihnen allmählich über den Kopf wächst:

Scheuklappen

Warum hetzen eigentlich so viele Menschen mit Scheuklappen durch ihr Leben? Weil jede Minute, in der sie zur Ruhe kommen würden, eine große Leere aufdecken würde. Viele Menschen rasen durch die Zeit, um nicht nachdenken zu müssen. Es fällt scheinbar leichter, von einem Termin oder Event zum nächsten zu rennen, als über sich selbst nachzudenken. Doch nur wer sich über sich selbst, über sein Leben und seine Ziele Gedanken macht, kann zu sich und damit zur Ruhe kommen.

Packen Sie Ihren Tag auch am liebsten randvoll mit Terminen? Dann schreiben Sie jetzt einmal auf, was Ihrer Meinung nur der Zerstreuung dient, aber ansonsten keinen Sinn hat:

Unentbehrlichkeit

Alle Verantwortung ruht auf unsern Schultern, ohne uns geht gar nichts. Ein wunderbares Gefühl, so unentbehrlich zu sein? Bedauerlich nur, dass das ein Irrtum ist. Für jeden und alles da zu sein, hat einen hohen Preis: das eigene Leben. Deshalb ist es wichtig, delegieren und Nein sagen zu können.

Sind Ihnen solche Gedanken vertraut? Dann überlegen Sie jetzt, wo und wann Sie sich gerne unentbehrlich machen:

Unachtsamkeit

Wir trinken unseren Morgenkaffee auf dem Weg ins Büro oder schauen beim Abendessen fern. Viele unserer täglichen Handlungen erledigen wir nebenbei, unbewusst und während wir mit unseren Gedanken woanders sind. Diese Unachtsamkeit produziert jedoch Stress, weil wir uns nicht konzentrieren, sondern zerstreuen. Die beste Strategie dagegen ist, die Aufmerksamkeit zu schulen. Wenn wir wahrnehmen, was um uns herum vorgeht, dann verändern wir auch automatisch unser Zeiterleben. Die Hektik lässt nach, denn wie wir Zeit erleben, hängt stark von der Menge der Informationen ab, die wir aufnehmen. Um achtsamer zu werden, müssen wir uns zuerst klar werden, was wir eigentlich gleichzeitig und nebenbei erledigen.

Überlegen Sie, was Sie unkonzentriert erledigen. Welche zwei oder drei Handlungen machen Sie meistens gleichzeitig?

Die eigene Balance finden

Wer häufig unter Termindruck steht oder Höchstleistung vollbringen muss, wer mit seiner Lebenssituation unzufrieden ist oder wer mit einem schweren Verlust oder einer Krankheit zurechtkommen muss, dessen Seele und Körper leiden unter dieser Belastung. Hier können Muße und Entspannung helfen, loszulassen und innerlich zur Ruhe zu kommen. Dafür gibt es jedoch keine Patentlösung. Jeder Mensch tickt anders, daher gibt es für jeden seine individuellen Strategien, wie er seine Zeit sinnvoll einteilen und mehr Zeit gewinnen kann.

So finden Sie Ihre Ruheinseln

Sie wissen nun, was Sie unter Stress setzt und dass Entspannung ein wichtiger Teil Ihres Lebens sein sollte. Dazu gehören Muße, Müßiggang und Rückzug. Was spricht dagegen, seine Tasse Kaffee in Ruhe zusammen mit Freunden zu genießen, statt ihn als »Coffee to go« ganz »modern« im Gehen hinunterzuschütten?

Machen Sie sich bewusst, dass Entspannung und »Auszeiten« kein Luxus sind, sondern ein fester Bestandteil Ihres Alltags sein sollten. Denn diese Ruhemomente bringen Ihnen neue Energie, die Sie wiederum leistungsfähig macht. Tanken Sie regelmäßig auf, so sind Sie allen Anforderungen des Lebens gewachsen.

Relax-Strategie Nr. 1: Ziehen Sie die Grenze

Wer sich um alles selbst kümmert, immer ansprechbar und hilfsbereit ist, gerät leicht in die Stressfalle. Doch es nutzt niemandem, wenn Sie sich dauernd überfordern. Machen Sie sich klar, dass Sie kein schlechter Mensch sind, wenn Sie Nein sagen, einer Bitte mal nicht nachkommen oder sich klar gegen Forderungen von anderen abgrenzen. Zuerst geht es um Sie! Die Balance zwischen Job und Freizeit, zwischen Anspannung und Entspannung muss stimmen.

Damit dies gelingt, ist es notwendig, seine persönliche Situation zu analysieren und zu sehen, warum man sich nicht abgrenzt. So haben Perfektionisten eine hohe Erwartung an ihre eigenen Leistungen und große Angst vor Fehlern. Sie können schlecht delegieren, weil andere es ihnen nicht gut genug machen. Diese Angst, etwas nicht gut genug zu machen, spornt zu Höchstleistungen an und lässt wenig Muße für entspanntes Erholen. Daher ist Perfektionismus eine große Quelle für Stress und Burn-out. Ein Perfektionist muss lernen lockerzulassen, indem er Arbeiten delegiert und seine Ziele überprüft. Wer hingegen keine Grenzen zieht, weil er einfach gerne hilft oder weil er gefallen möchte, muss lernen, mehr auf sich selbst zu achten und auch einfach mal Nein zu sagen. Sie meinen, das geht nicht? Übung macht den Meister!

Relax-Strategie Nr.2: Setzen Sie Ihre Körperhaltung bewusst ein

Der seelische Zustand beeinflusst unsere Vitalität und unser Wohlbefinden. Das Körpergefühl und die Körperhaltung haben jedoch auch umgekehrt Auswirkung auf unseren Seelenzustand. Daher geht es darum, die seelische und die körperliche Ebene in Einklang zu bringen. Entspannt und souverän auftreten kann nur, wer auch einen entspannten Körper hat. Wenn wir einen Menschen als ausgeglichen bezeichnen, heißt das, dass seine Seele und sein Körper sich in Balance befinden.

Aufrecht und selbstbewusst

Schärfen Sie Ihre Wahrnehmung und beobachten Sie sich selbst, welche Haltungen Sie einnehmen: Wie verändert sich Ihr Körper bei einem Streit? Wie reagieren Sie körperlich auf etwas Störendes? Wie ist Ihre Haltung, wenn Sie sich wohl fühlen? Wenn Sie beim nächsten Mal das Gefühl haben, bei einer Sache nicht weiterzukommen, dann verändern Sie einmal bewusst Ihre Körperhaltung. Suchen Sie eine entspannte Haltung, lockern Sie die Muskeln, strecken Sie den Rücken. Es wird sich direkt auf Ihre Leistungsfähigkeit auswirken.

Wenn Sie ein Ziel vor Augen haben, dann stellen Sie sich dazu auch die passende Körperhaltung vor. Sie wollen zum Beispiel bei einer Verhandlung gelassen bleiben? Wie sähe dazu die entsprechende Körperhaltung aus? Vielleicht so: ein fester, sicherer Sitz oder Stand, um im Gleichgewicht zu bleiben. Geöffnete Handflächen, die Aufnahmebereitschaft signalisieren. Ein aufrechter Rücken mit offener Brust, was Geradlinigkeit und Aufrichtigkeit ausstrahlt. Und zuletzt ein fast unmerkliches Kopfnicken, was eine grundsätzlich zugewandte Einstellung vermittelt.

Emotionen steuern mit Körperhaltung

Psychologische Tests bestätigen, dass jede Emotion eine passende Körperhaltung aktiviert. In diesen Tests wurde auch festgestellt, dass bestimmte Körperhaltungen entsprechende Emotionen auslösen. Daher können Sie durch die bewusste Änderung Ihrer Körperhaltung Ihre Einstellung zu etwas verändern. Wenn Sie sich beispielsweise mit einer aufrechten, entspannten Körperhaltung einer stressigen Situation stellen, wird die Belastung geringer. Und wer mit beiden Beinen fest auf dem Boden steht – im Sitzen oder im Stehen –, fühlt sich einer schwierigen Situation gewachsen, besitzt mehr Standfestigkeit.

Relax-Strategie Nr.3: Entspannen Sie aktiv

Im Amerikanischen gibt es die Wortschöpfung »relaxercise«. Das Wort setzt sich aus relax (entspannen) und exercise (üben, trainieren) zusammen und meint nichts anderes, als durch stressfreie Aktivität richtig entspannen. Wer frustriert aus dem Büro kommt, fühlt sich meist nach einem lockeren Lauf viel besser. Spazieren gehen, in der Badewanne liegen, einem Hobby nachgehen, im Garten arbeiten, lesen, musizieren, tanzen, singen, Beschäftigung mit Tieren oder einfach nur die Seele baumeln lassen kann helfen, Spannungen abzubauen – vorausgesetzt, wir gehen dieser Tätigkeit ganz bewusst nach, vergessen alles andere für den Moment und sind nicht mit den Gedanken bei den Problemen, die uns belasten.

Wenn man bei seinen Freizeitaktivitäten die Erfahrung des Flow macht (siehe Seite 123f.), ist die Entspannung perfekt. Dieser Glückszustand, in dem man große Aufmerksamkeit, hohe Entspannung und tiefe Freude gleichzeitig erfährt, ist wie ein Bad für die Seele. Den Flow kann man bei körperlichen Tätigkeiten, wie beispielsweise beim Sport, sehr intensiv erleben, doch auch lesen, knifflige Aufgaben lösen oder musizieren ist dafür prädestiniert. Wie auch immer Sie ihn erreichen: Der Zustand der Versunkenheit lässt uns für eine Weile Raum und Zeit vergessen. Es ist, als wären wir schwerelos. Klingt das nicht erstrebenswert?

Bewegung löst Stress

Moderates Ausdauertraining kann aus zweierlei Gründen eine Möglichkeit sein, den Stress des Alltags abzubauen. Zum einen schafft es ein Ventil. Nach einem hektischen Arbeitstag oder langen Autofahrt sind Gehirn und Körper mit Stresshormonen überflutet. Der Blutdruck ist erhöht, die Atmung geht schneller, die Muskeln sind angespannt. Diese Energie konnte im Auto oder im Büro nicht abgebaut werden, doch durch den Sport kann sie freigesetzt werden. Zum zweiten verbessert Sport die Stressfähigkeit. Es klingt paradox, aber genau das ist der Fall: Körperliche Aktivitäten, etwa mäßige Belastungen wie ein flotter Spaziergang um den Block, hellen die Stimmung auf und entspannen.
Die meisten Menschen empfinden die Empfehlung, aktiv zu werden, als Widerspruch: Jetzt bin ich erschöpft und abgespannt, jetzt soll ich auch noch Sport treiben? Ja, denn es wurde nachgewiesen, dass körperliche Aktivität den Energielevel anhebt und nicht noch weiter senkt. Es gibt eine biologische Verbindung zwischen physischer Aktivität und Energie: Wenn das eine zunimmt, wächst auch das andere.
Sport bedeutet Stress, der Energie freisetzt. Ähnlich wie beim Saunieren, wo der Wechsel von Hitze und Kälte das Immunsystem reizt und stärkt, gewöhnt sich der Körper bei der Anstrengung an diesen Stress und verbessert seine Stressabwehrkraft. Nach und nach gewöhnt sich der Körper an die Belastung, und so wird man besser gewappnet gegen den Druck. Voraussetzung: Man trainiert innerhalb der eigenen Belastungsgrenzen, man überfordert sich dabei nicht, man trainiert regelmäßig, die Sportart macht Spaß und ist frei von Druck oder Leistungsgedanken.

Relax-Strategie Nr.4: Üben Sie richtiges Atmen

Bei Aufregung und Stress atmen wir automatisch schneller und flacher, vor allem flach in die Brust. So gelangt weniger Sauerstoff in die Lunge. Sport ist eine Methode, die Tiefenatmung zu trainieren, man kann aber auch spezielle Atemübungen machen. Beherrscht man die Tiefenatmung, kann man sie in Stresssituationen einsetzen und dadurch schnell ruhiger werden.
Die Wechselatmung ist eine einfache Methode aus dem Yoga, die beim »Verschnaufen« hilft: Man hebt dazu die rechte Hand zur Nase, als wollte man sie zuhalten, verschließt aber mit dem Zeigefinger nur das linke Nasenloch. Dann atmet man tief durch das rechte Nasenloch ein und

zählt dabei langsam bis vier. Dann verschließt man mit dem rechten Daumen auch das rechte Nasenloch und hält den Atem für vier Sekunden an. Nun hebt man den Zeigefinger leicht an, öffnet so das linke Nasenloch und atmet langsam aus, während man dabei bis vier zählt. Nun wird die Prozedur wiederholt, indem man jetzt durch das linke Nasenloch einatmet, wieder vier Sekunden lang, dann beide Nasenlöcher verschließt, für vier Sekunden den Atem anhält und schließlich vier Sekunden lang über das geöffnete rechte Nasenloch wieder ausatmet.

Relax-Strategie Nr.5: Üben Sie Entspannungstechniken

Die Kunst, »loszulassen«, zur Ruhe zu kommen und sich auf sich selbst zu besinnen, kann mit Entspannungstechniken gezielt erlernt werden. Davon gibt es eine ganze Reihe – probieren Sie am besten zwei oder drei aus und entscheiden Sie dann, was Ihnen am meisten zusagt. In der Regel ist es sinnvoll, eine neue Technik in einem Kurs unter kompetenter Anleitung zu erlernen. Wenn Sie die Übungen dann beherrschen, können Sie sie auch alleine durchführen.

Einen kühlen Kopf bewahren

Das autogene Training ist eine Art der Selbsthypnose, die für bewusstes Entspannen sorgt. Mittels Konzentration wird eine Art Badewanneneffekt erreicht: Der Körper ist warm und schwer, der Kopf bleibt kühl und klar. Geübte können mit den Wärme-, Ruhe-, Schwere- und Atemübungen innerhalb weniger Minuten entspannen. Autogenes Training kann man immer und überall durchführen – zu Hause, im Zug, sogar am Schreibtisch. Schon ein paar Minuten täglich reichen aus.

Die Grundübungen des autogenen Trainings beginnen mit der Konzentration auf verschiedene Körperteile. Am besten setzt man sich entspannt auf einen Stuhl und legt die Unterarme locker auf die Oberschenkel. Dann beginnt man mit dem rechten Arm, indem man sich darauf konzentriert und sich im Geiste sagt: »Mein rechter Arm ist ganz schwer.« So konzentriert man sich nach und nach auf alle Körperbereiche, schließlich sollte sich der ganze Körper schwer anfühlen. Nach etwas Training wird sich das Schweregefühl immer schneller und leichter erzielen lassen. Diese Form der Selbstsuggestion kann auch als Wärmeübung praktiziert werden: »Mein rechter Arm ist schön warm« etc.

Fortgeschrittene können sich mit weiteren Autosuggestionen wie: »Mein Herz schlägt angenehm gleichmäßig«, »Mein Atem fließt ruhig und gleichmäßig«, »Mein Bauch ist weich und warm« oder »Meine Stirn ist angenehm kühl« schnell in eine tiefe Entspannung bringen. Nach den Übungen folgt immer die Zurücknahme, damit keine Benommenheit bleibt und man wieder ganz wach wird, zum Beispiel mit der Formel: »Ich bin ganz frisch.«

Entspannen Sie die Muskeln

Ähnlich wie beim autogenen Training richtet sich bei der progressiven Muskelentspannung nach Jacobsen die Konzentration gezielt auf einzelne Muskelgruppen, die erst angespannt und nach einigen Sekunden bewusst entspannt werden. Der Wechsel aus Festhalten und Loslassen wird außerdem durch die Atmung unterstützt. Die Übungen helfen, nicht nur den Muskeln zu entspannen, sondern sie haben Auswirkungen auf den gesamten Organismus: Der Herzschlag wird ruhiger und auch der Blutdruck sinkt. Die Muskelentspannung nach Jacobsen funktioniert, indem man sechzehn Muskelgruppen nach und nach zunächst kräftig anspannt und nach fünf bis zehn Sekunden ganz bewusst entspannt. Man beginnt mit der am meisten benutzten Hand, geht weiter über den Unterarm zum Oberarm. Es folgt die andere Hand, dann der Arm. Als Nächstes sind die Partien Stirn, Wangen, Nase und Kiefer an der Reihe, dann geht es weiter über Nacken und Hals, Brust, Schulter und Rücken. Danach geht es über Bauch, Oberschenkel und Unterschenkel bis zu den Füßen.
Während der Anspannung werden die Muskeln vermehrt von Blut durchströmt, was sich als angenehme Wärme bemerkbar macht und Verspannungen löst.

Bauen Sie Verspannungen ab

Moshé Feldenkrais war ein israelischer Physiker, der Ende der Sechzigerjahre für sich ein Training entwickelte, um eine Knieverletzung auszuheilen. Er verband dabei seine Physikkenntnisse über Bewegungsabläufe mit dem Wissen des Yoga. Ziel seiner einfachen Übungen war es, ein Gefühl für den eigenen Körper zu entwickeln. Die Feldenkrais-Methode hilft, verspannte Muskeln zu lösen und neue Bewegungen zu erlernen. Normalerweise bewegen wir uns automatisch und gedankenlos, oft sitzen, stehen oder gehen wir nicht richtig. Beim Feldenkrais macht man

sich die eigenen Bewegungen bewusst und findet so heraus, was anstrengend oder unangenehm ist. Es geht dabei nicht um Training, sondern darum, es anders zu machen, damit es leichter geht. Mit der Zeit wächst dadurch die Beweglichkeit und zwar in körperlicher, geistiger und seelischer Hinsicht.
Ein Beispiel, wie die Feldenkrais-Methode funktioniert: Legen Sie sich auf den Rücken, winkeln Sie die Beine an und fassen Sie mit den Händen nach Ihren Füßen. Bewegen Sie sich nun wie ein Baby langsam hin und her. Rollen Sie Ihren Körper auf dem Boden und beugen Sie Ihre Arme und Beine in verschiedene Richtungen, ohne die Hände loszulassen. Achten Sie darauf, welche Positionen Ihnen gut tun und wo sich der Körper verspannt. Variieren Sie die Übung, indem Sie die Hände an die Knie oder über Ihre Schienbeine legen und so den Beinen beim Herumrollen mehr Spielraum geben. Rollen Sie auch den Kopf und achten Sie auf Ihre Nackenmuskulatur.
Die Feldenkrais-Technik hilft dabei, stressbedingte Verspannungen wahrzunehmen und diese gezielt zu lockern. Die Übungen lassen sich auch leicht in den Alltag integrieren.

Lassen Sie die Energien fließen

Auch Bewegung kann Meditation sein. Qigong ist eine meditative Bewegungslehre aus China und soll die Lebensenergie Qi stärken. Mithilfe sanfter Bewegungen werden Atmung, Körperhaltung und Bewusstsein harmonisiert. Die langsamen, fließenden Bewegungen helfen, den Kreislauf zu regulieren, die Muskeln zu entspannen und wieder innere Gelassenheit zu finden. Man braucht weder gute Kondition noch Kraft oder Gelenkigkeit dafür. Die Übungen werden langsam und ruhig ausgeführt. Der Körper soll sich dabei anfühlen wie eine Marionette, von unsichtbaren Fäden geführt. Gleichmäßiges, tiefes Atmen spielt eine große Rolle, weil dadurch Qi aufgenommen wird. Die Übungen fördern das Körperbewusstsein, beeinflussen positiv Atmung und Blutdruck und Immunsystem und lösen Verspannungen auf.

Leiten Sie die Stressenergie ab

Das als Schattenboxen bekannte Tai-Chi Chuan entspringt der chinesischen Kampfkunst. Bei der Verteidigungsstrategie wird die Energie des Angreifers vom Gegenüber aufgenommen und so umgeleitet, dass sie sich gegen den Angreifer selbst richtet. Heute wird Tai-Chi als eine Art

Bewegungsmeditation angewendet. Bei dieser Entspannung in Zeitlupe sind die einzelnen Bewegungen sanft, langsam und gehen fließend ineinander über. Die Bewegungsabläufe sollen zu innerer Ausgeglichenheit und Konzentration sowie zum Abbau von Spannungen führen.

Bündeln Sie Ihre Kräfte

Die Bezeichnung Yoga stammt aus der altindischen Schriftsprache Sanskrit und bedeutet so viel wie »den Geist sammeln«. In der westlichen Welt ist vor allem das Hatha-Yoga mit seinen Körperübungen (Asanas) und Atemübungen (Pranajamas) verbreitet. Die Übungen sollen die Kräfte des Körpers, der Seele und des Geistes bündeln und zusammenhalten. So harmonisiert Yoga Körper, Geist und Seele. Spezielle Übungen, bei denen der Atem kontrolliert wird, steigern das Körperbewusstsein, stärken und entspannen die Muskulatur. Yoga kann man sich nicht selbst beibringen. Die Grundlagen des Yoga sollte man in einem Kurs lernen, damit man sich keine falsche Technik angewöhnt.

Die hier genannten asiatischen Entspannungsmethoden basieren auf komplexen östlichen Philosophien. Im Mittelpunkt steht die Aktivierung und Stärkung der Lebensenergie, die Qi oder Chi genannt wird. Neben den Bewegungsabläufen ist die richtige Atmung wichtig für die Effektivität der Übungen. Man muss sich selbst nicht näher mit den entsprechenden Philosophien beschäftigen, um die Methoden praktizieren zu können, doch es ist zu empfehlen, sie zunächst von einem erfahrenen Lehrer zu lernen. Es gibt in jeder Stadt zahlreiche Kursangebote.

Stoppen Sie die Endlosschleife

Unter Stress geraten die Gedanken oftmals in eine Art Endlosschleife und verhindern, dass wir zur Ruhe kommen. Ein solches Gedankenkarussell ist kaum zu stoppen und kann zum Beispiel das Einschlafen unmöglich machen. Auch das Schäfchen zählen hilft nicht immer – die Gedanken schweifen doch wieder zum Alltagsgeschehen zurück. Meditation hilft, diesen Kreislauf zu durchbrechen, die Gedanken loszulassen und das Gleichgewicht zwischen Körper und Seele wiederherzustellen. Schon zehn Minuten stille Einkehr am Tag unterstützen die Entspannung. Es ist es nicht einfach, aus dem hektischen Alltag heraus zur Ruhe zu kommen und die Gedanken für einen Moment abzustellen. Aber nach einigem Üben gelingt es jedem. Für Einsteiger sind geführte Meditationen, wie sie in Kursen oder auf Audiokassetten angeboten werden, ideal.

Unser Körper funktioniert am besten nach einem geregelten Stundenplan, dazu gehören regelmäßige Mahlzeiten und Ruhezeiten. So brauchen wir in bestimmten Abständen etwas zu essen, um leistungsfähig zu bleiben, und müssen dem Körper genug Zeit zum Ausruhen geben, indem wir genügend schlafen. Ein ausgeglichener Tag-und-Nacht-Rhythmus hat großen Einfluss auf unser Wohlbefinden. Wird der Schlaf ständig gestört, bringt das unsere innere Uhr extrem aus dem Takt. Deshalb ist sinnvoll, auch am Wochenende oder im Urlaub zur gleichen Zeit wie werktags aufzustehen und ins Bett zu gehen. Der individuelle Tag-und-Nacht-Rhythmus hängt allerdings von den Genen ab. Die innere Uhr tickt in jedem Menschen ein bisschen anders. So variiert der Tagesablauf und damit der Rhythmus der Leistungsfähigkeit. Morgenmuffel gehen abends später ins Bett und schlafen dafür länger. Frühaufsteher wachen zeitig auf, kommen leicht aus den Federn und werden dafür abends früher müde. Keiner von beiden ist besser oder schlechter, fauler oder fleißiger. Sie haben einfach einen unterschiedlichen Biorhythmus.

Relax-Strategie Nr. 6: Trinken Sie nicht zu viel Kaffee

Übergehen Sie Phasen der Müdigkeit nicht, indem Sie Ihren Körper zum Beispiel mit Kaffee überlisten. Damit erreichen Sie nur das Gegenteil: Der Körper fällt später in ein Müdigkeitsloch und braucht länger, um seine Batterien wieder aufzuladen. Respektieren Sie Durchhänger. Wenn Sie sich mit Koffein künstlich wach halten, berauben Sie sich der Erholungsmöglichkeit und werden auf Dauer noch erschöpfter.

Relax-Strategie Nr. 7: Schlafen Sie wieder gut

Fast 20 Millionen Deutsche machen Nacht für Nacht kein Auge zu. Wir schlafen immer schlechter und dabei ist gerade ein gesunder Schlaf die beste Quelle, um neue Energie zu tanken und Stress abzubauen. Doch die Zahl der Menschen, die unter Schlafstörungen leiden, nimmt zu. Am häufigsten sind Einschlaf- und Durchschlafstörungen, darunter leiden Frauen zwei- bis dreimal häufiger als Männer. An zweiter Stelle stehen die schlafbezogenen Atmungsstörungen, wie die Apnoe, also Atemaussetzer im Schlaf. Davon sind Männer zwei- bis dreimal häufiger betroffen als

Frauen. Schließlich gibt es noch Bewegungsstörungen, zum Beispiel die Restless Legs (unruhige Beine), die am Durch- oder Einschlafen hindern. Wir brauchen ungefähr sechs Stunden Schlaf. Das ist der Kernschlaf, danach folgt der Wohlfühlschlaf. Manche schlafen gerne sieben Stunden, andere acht, das ist eine Frage des Typs. Wer jedoch deutlich weniger schläft, hat eine geringere Lebenserwartung und wird anfälliger für Stress und Erkrankungen.

Wer Schlafprobleme hat, sollte auf einen regelmäßigen Rhythmus achten, denn der Körper gewöhnt sich an Wach- und Schlafzeiten. Versuchen Sie, Ihren eigenen Rhythmus zu finden und diesem dann treu zu bleiben. Es ist auch hilfreich, wenn das Zubettgehen einem Ritual folgt. Wer abends schlecht zur Ruhe kommt, kann einen kurzen Abendspaziergang machen, ein Glas heiße Milch trinken, entspannende Musik hören, sich Zeit im Badezimmer nehmen, etwas Angenehmes lesen oder per Audiokassette eine Entspannungsübung machen.

Relax-Strategie Nr.8: Schulen Sie Ihre Achtsamkeit

Es gibt Dinge, Situationen, Menschen oder Tiere, die uns einzig durch ihre Anwesenheit gut tun und entspannen. Oft handelt es sich um Kleinigkeiten, wie zum Beispiel der Anblick von Blumen, eines bestimmten Bildes oder des eigenen Haustiers, die Stress wegzaubern können – vorausgesetzt, man nimmt sie wahr. Sich dessen bewusst zu werden, schult die Achtsamkeit! Überlegen Sie einmal, was oder wer Sie einfach durch seine Existenz wunderbar entspannen kann.

Relax-Strategie Nr.9: Halten Sie Mußestunden im Tagebuch fest

Um Ihr Bewusstsein für die entspannenden Momente im Leben zu öffnen, sollten Sie nun Ihr Tagebuch um diesen Punkt ergänzen: Schreiben Sie auf, wann Sie heute einmal richtig losgelassen und sich entspannt haben – und sei es nur für einen kurzen Moment.

- Wann gab es heute einen Moment absoluter Entspannung?

stop!

Raus aus dem Vernunftkorsett

go!

und auf sich selbst vertrauen

Wir glauben an die Liebe auf den ersten Blick, trauen uns dieses **spontane Urteilsvermögen** in anderen Bereichen aber nicht zu. Denn wir haben gelernt, dass es besser für uns ist, bei Entscheidungen **auf die Vernunft** zu setzen. Manche hören aber auch grundsätzlich auf ihr Bauchgefühl und liegen damit fast immer richtig. Wir sollten lernen, wieder **mehr auf die Bauchsignale** zu achten, ohne den Verstand ganz auszuschalten.

Hören Sie auf Ihren Bauch

Wie aus dem Nichts scheint uns eine Entscheidung plötzlich sonnenklar, ohne dass wir erklären können, was uns dazu bewogen hat. Jeder hat solche Situationen erlebt. Das Phänomen heißt Intuition und funktioniert unbewusst. Diese feine Form der Wahrnehmung sichert in jeder Sekunde eine gigantische Menge von Informationen und wertet diese blitzschnell für uns aus. Und deshalb ist unser Bauchgefühl oft sicherer in seinem Urteil als die Vernunft. Also warum nicht mehr auf diese innere Stimme vertrauen?

Die Blitzentscheidung

Sie wollen ein Auto kaufen, bei dem alles perfekt erscheint. Trotzdem meldet sich die innere Stimme und warnt vor dem Kauf, sie sagt uns, dass es trotz aller scheinbaren Vorteile keine gute Entscheidung wäre. Diese lautlose Stimme, die uns warnt und dirigiert, kennt jeder. Manche nennen sie den siebten Sinn, andere sagen, »Mein Bauch hat sich gemeldet.« Unsere Intuition funktioniert ständig, schnell und mühelos. Angesichts der Tatsache, dass wir täglich bis zu hunderttausend Entscheidungen treffen, ist Intuition eine wichtige und oft unbewusste Entscheidungshilfe. Das, was wir unbewusst wissen, beeinflusst uns mehr, als wir wissen.

Das Erfahrungsarchiv

Wissenschaftler erforschen seit Langem die Intuition. Die Ergebnisse ihrer Untersuchungen belegen, dass diese innere Stimme häufig perfekt funktioniert. Im Bruchteil einer Sekunde fällen wir Entscheidungen und liegen damit in den meisten Fällen richtig. Wir greifen dabei auf einen riesigen Erfahrungsschatz zurück, der sich im Lauf unseres Lebens angesammelt hat. In diesem Archiv sind alle Erlebnisse abgespeichert, vorher wurden sie mit »positiv« oder »negativ« bewertet. Dieses Gedächtnis arbeitet unbewusst und blitzschnell. Darin aber liegt auch die Fehlerquote begründet: Wir entscheiden, ohne alle Fakten zu kennen. Das ist nicht immer sinnvoll.

Der Bauch fühlt und erinnert sich

Die Summe aller Vorstellungen, Erinnerungen, Eindrücke, Motive und Einstellungen, die in uns schlummern, machen unser Unterbewusstsein aus. Diese unterbewussten Faktoren beeinflussen unser tägliches Tun und Denken. Das ist notwendig, weil es uns entlastet. Wenn Sie zum Beispiel Auto fahren, dann schalten, bremsen oder blinken Sie unbewusst. Müssten Sie über jeden Handgriff erst bewusst nachdenken, kämen Sie nicht voran. Mit der Zeit haben sich diese Handgriffe automatisiert. Das Unterbewusstsein steuert also unser Tun und gibt uns die Möglichkeit, uns auf andere Dinge zu konzentrieren.

Wenn es nicht um automatische Handgriffe, sondern um neue Erlebnisse und Entscheidungen geht, ist uns diese Rolle der Intuition oft bewusster. Denn das Bauchgefühl versucht die Kopfentscheidungen in eine bestimmte Richtung zu drängen. Wir fühlen uns hin und her gerissen. Bei manchen Menschen siegt immer der Bauch, bei anderen behält stets der Kopf die Oberhand. Doch was ist nun besser? Am besten ist eine Mischung aus beiden, weil keines von beiden ohne das andere optimal funktioniert.

Das Unterbewusstsein vergisst nichts

Der große Vorteil der Intuition ist, dass sie unser Erfahrungsarchiv mit vielen Dingen füllt, die über den Verstand hinausgehen. Denn unser Unterbewusstsein nimmt auch Dinge wahr, die wir bewusst nicht registrieren, die uns aber bei Entscheidungen helfen können. Die Intuition füllt das Erfahrungsarchiv und sie bedient sich auch daraus. Wir nehmen eine Situation oder einen Menschen wahr und ziehen unbewusst unsere Schlüsse, weil wir, ohne es zu merken, auf unser Erfahrungsarchiv zurückgreifen. Allerdings ist dieses Archiv nicht objektiv. Das ist seine Stärke und auch seine Schwäche. Wir speichern darin alle unsere Eindrücke, Erfahrungen und Erinnerungen ab, gute wie schlechte. Wenn wir einmal einen schweren Unfall mit einem roten Auto erlebt haben, kann es sein, dass für uns die Farbe Rot in jeder Situation gefährlich erscheint. Das könnte auch zu einer Fehleinschätzung führen. Wenn wir nur auf die Intuition hören, sind die Entscheidungen subjektiv.

Wenn wir hingegen nur auf unseren Verstand setzen, lassen wir dieses unterbewusste Wissens komplett außer Acht. Viele Daten, die hier abgespeichert sind, kennt unser Gehirn nicht. Es wäre, als würden wir die ganzen Informationen einfach bewusst ignorieren. Hinzu kommt unser Ego, das manchmal andere Wege gehen will, als unser Bauch uns rät.

Verstand und Intuition können sich ergänzen

Es ist also notwendig, Verstand und Intuition zu verknüpfen. Der Verstand kann uns wichtige Informationen liefern und unter anderem Fehleinschätzungen der Intuition vermeiden. So können wir uns zum Beispiel bewusst machen, warum wir auf die Farbe Rot so negativ reagieren, und können dieses negative Gefühl dann entsprechend einschätzen. Auf der anderen Seite sollten wir unsere innere Stimme nicht ignorieren, wenn sie uns trotz scheinbar perfekter Bedingungen von einer Entscheidung abrät. Wenn wir trotz aller Argumente, die unser Verstand anführt, die innere Stimme nicht zum Schweigen bringen, dann nehmen wir intuitiv einen wichtigen Aspekt wahr, der sich unserem Verstand entzieht. Unser innerer Radar nimmt dann zusätzliche Informationen wahr, die wichtig sind. Die Intuition ersetzt also nicht die Analyse und das Nachdenken und dem Verstand fehlt bei seiner Argumentation das unbewusste Wissen. Beides muss eingesetzt werden und jeweils zum richtigen Zeitpunkt. Nur wer beide Quellen, Logik und Gefühl, richtig nutzt, erzielt ein positives Ergebnis. Deswegen ist es sinnvoll, alle verfügbaren Fakten vernünftig zu analysieren und dann auf Basis dieser Wissensgrundlage aus dem Bauch heraus zu entscheiden – vor allem, wenn wir zwischen verschiedenen Optionen hin und her gerissen sind.

Die Kraft des Unterbewusstseins

Intuition verleiht keine übernatürlichen, dafür umso überraschendere Fähigkeiten, und sie ist für das Überleben wichtiger als bewusstes Denken. Sehen, Hören, Riechen, Schmecken und Tasten – die fünf klassischen Sinne übermitteln pausenlos riesige Mengen von Daten an unser Gehirn. Nur die wenigsten gelangen ins Bewusstsein, der größte Teil wird von untergeordneten Arealen im Unbewussten verarbeitet. Der »sechste« Sinn kontrolliert die übrigen fünf, zieht seine Informationen aus ihren Signalen und trifft daraus selbstständig Entscheidungen. Deshalb ist unsere Intuition von unschätzbarem Wert.

Wir können uns das Wissen und die Kraft des Unterbewusstseins zu Nutze machen, indem wir lernen, unsere innere Stimme zu hören und zu verstehen. Aber nicht jeder findet den Zugang zu seiner Intuition. Und nicht jeder ist ohne Weiteres bereit, darauf zu vertrauen. Wer es dennoch versuchen möchte, muss zum einen die Bereitschaft mitbringen, sich mit sich selbst auseinanderzusetzen, zum anderen Mut zum Risiko. Denn wie der Kopf kann auch der Bauch schon mal danebenliegen. Wer jedoch ohne Vorurteile auf seine Gefühle vertraut, der hat gewonnen.

TEST: Intuitions-Check

Sind Sie eher ein Bauch- oder ein Kopfmensch?

Jeden Tag lernen wir dazu und machen neue Erfahrungen. Dieses Rohmaterial bewerten wir und daraus entsteht dann unser unbewusstes Erfahrungswissen, auf das wir jederzeit zurückgreifen können. Aber die innere Stimme meldet sich bei jedem unterschiedlich oft und stark und jeder reagiert anders darauf. Wie gehen Sie mit Ihrer Intuition um? Machen Sie diesen Test, um es herauszufinden, ob Sie mehr auf Ihren Verstand bauen oder eher Ihrem siebten Sinn vertrauen.

1. Sie grübeln über ein schwieriges Problem, als Ihnen eine verrückte Eingebung kommt. Was denken Sie darüber?

a| Ich lasse es mir kurz durch den Kopf gehen und folge dann meinem Instinkt.
b| Wenn ich lange genug nachdenke, wird mir eine vernünftige Lösung einfallen.
c| Na endlich, das hat heute ja lange gedauert.
d| Ich setze lieber auf bekannte oder bewährte Lösungsmethoden.

2. Ein Kollege erzählt Ihnen eine Geschichte, die glaubhaft klingt. Trotzdem haben Sie ein komisches Gefühl. Was tun Sie?

a| Ich höre auf meinen Bauch und beginne kritisch nachzufragen.
b| Ich glaube sowieso nur, was ich selbst geprüft habe.
c| Das stört mich nicht. Hauptsache, die Geschichte klingt gut.
d| Ich möchte wissen, wer die Geschichte bestätigen könnte.

3. Sie lernen einen Fremden kennen und finden ihn sympathisch. Würden Sie ihn spontan zu sich nach Hause einladen?

a| Ja, das kann passieren.
b| Ich würde mit ihm ins Café gehen.
c| Das mache ich immer.
d| Nein, auf keinen Fall.

4. Sie verlassen das Haus mit dem diffusen Gefühl, etwas vergessen zu haben. Gehen Sie noch einmal zurück?

a| Ich gehe im Geiste alles durch, und wenn das Gefühl nicht verschwindet, gehe ich noch mal zurück.
b| Nein, denn ich bin nicht vergesslich.
c| Nur wenn ich nicht schon zu weit weg bin.
d| Auf jeden Fall, weil ich schon einmal die Herdplatte angelassen habe.

5. Ein Freund möchte Sie von etwas überzeugen. Worauf achten Sie im Gespräch mit ihm am meisten?

a| Auf seine Worte, Gestik und Mimik.
b| Auf seine sachlichen Argumente.
c| Auf Gefühlsausdruck und Leidenschaft.
d| Ob er vertrauenswürdig erscheint.

6. Sie wollen Blumen kaufen und die Verkäuferin sagt Ihnen, dass die Rosen ganz frisch seien. Aber irgendetwas lässt Sie daran zweifeln. Wie reagieren Sie?

a| Ich kaufe meine Blumen woanders.
b| Sollte sie gelogen haben, will ich mein Geld zurück.
c| Ich kaufe Tulpen.
d| Ich kaufe dort immer und vertraue ihr.

7. Sie lassen Ihren Blick auf jemandem ruhen, der Ihnen den Rücken zudreht. Glauben Sie, dass er sich umdrehen wird?

a| Ja, wenn ich mich konzentriere.
b| Die Chancen dafür stehen fünfzig zu fünfzig.
c| Das habe ich schon oft erlebt.
d| Das wäre Zufall, ist aber möglich.

8. Sie wollen ein neues Auto kaufen. Worauf kommt es Ihnen beim Verkäufer an?

a| Dass er sich nicht gleichzeitig noch mit anderen Kunden beschäftigt.
b| Dass er mir nicht etwas andrehen, sondern mich überzeugen will.
c| Dass er alle Modelle vorführt, die er zu bieten hat.
d| Dass er mich nicht bedrängt und mir verschiedene Alternativen bietet.

9. Sie stehen an einer Weggabelung und wissen nicht weiter. Was tun Sie?

a| Ich schließe die Augen und versuche zu hören, was mein Bauch mir rät.
b| Ich orientiere mich anhand der Himmelsrichtung und entscheide nach vernünftigen Kriterien.
c| In solchen Fällen werfe ich eine Münze oder entscheide spontan.
d| Ich warte, bis jemand kommt und frage dann nach dem richtigen Weg.

10. Welche Redensart entspricht Ihnen am ehesten?

a| Es gibt mehr Dinge zwischen Himmel und Erde.
b| Wissen ist Macht.
c| Keine Regel ohne Ausnahme.
d| Es ist nicht alles Gold, was glänzt.

Auswertung

Notieren Sie hier, wie oft Sie welchen Buchstaben angekreuzt haben.

a = ... mal **c** = ... mal
b = ... mal **d** = ... mal

Der Buchstabe, den Sie am häufigsten angekreuzt haben, beschreibt, ob Sie mehr auf Ihren Bauch oder mehr auf Ihren Verstand hören. Haben Sie mehrere Buchstaben gleich oft gewählt, lesen Sie unter allen entsprechenden Beschreibungen nach.

Überwiegend a: Sie entscheiden beherzt aus dem Bauch heraus

Es fällt Ihnen leicht, sich für etwas zu entscheiden. **Sie verfügen über eine ausgeprägte Entscheidungsstärke und können sich meist auf Ihr Urteil verlassen.** Ihre Entscheidungen treffen Sie in der Regel aus dem Bauch heraus, ohne lange zu zögern oder abzuwägen. Sie sind bereit, auch mal etwas zu riskieren und sich auf unbekanntes Terrain zu begeben, weil Sie von einer inneren Sicherheit begleitet werden.

So, wie Sie sich schnell und beherzt für etwas entscheiden, so schnell können Sie auch einen Rückzieher machen, wenn Ihnen Ihr Bauch dazu rät. Denn Sie haben die Erfahrung gemacht, dass er meistens richtigliegt. Und selbst wenn Sie sich einmal irren sollten, ist das in Ihren Augen kein Versagen, sondern nur die Aufforderung, noch aufmerksamer zu werden.

Bei so viel Bauchgefühl ist Ihnen aber manchmal nicht ganz klar, ob Sie etwas tun, weil es das Richtige ist oder weil Sie sich nicht lange mit Grübeln aufhalten wollen. Es schadet nicht, vor einer Entscheidung etwas länger nachzudenken, die »objektiven« Fakten abzufragen und auch mal den Verstand zu Wort kommen lassen. Damit erweitern Sie Ihr intuitives Wissensarchiv und werden im Laufe der Zeit noch mehr Treffsicherheit erlangen.

Überwiegend b: Sie überlegen vernünftig, bevor Sie sich entscheiden

Spontane Bauchentscheidungen entsprechen nicht Ihrer Art. Sie wissen, dass jeder Entschluss Folgen hat, und darüber denken Sie gründlich nach. **Sie sind wie ein Schachspieler, der verschiedene Züge im Voraus durchdenkt und sich dann für seinen Zug entscheidet.** Damit gehen Sie auf Nummer sicher und kein Risiko ein. Sie lassen sich mit allen Entscheidungen Zeit und brechen nichts übers Knie.

So werden Sie ein Projekt oder Vorhaben weder vorschnell starten noch aufgeben. Denn Sie haben klare Vorstellungen und Erwartungen, an denen Sie auch festhalten.

Bei all den gründlichen Überlegungen, die Sie anstellen, laufen Sie allerdings auch Gefahr, sich manchmal zu spät zu entscheiden. Damit verpassen Sie womöglich den richtigen Zeitpunkt oder lassen sich gute Chancen durch die Lappen gehen. Dadurch wirken Sie bisweilen auch etwas unbeweglich.

Trainieren Sie Ihr Bauchgefühl und riskieren Sie bei Kleinigkeiten einfach mal eine spontane Entscheidung. Lassen Sie das Überraschende oder Ungewohnte zu. Sie werden dabei lernen, dass Ihre Intuition eine wunderbare Ergänzung darstellt, weil Sie mithilfe dieser Bauchstimme neue Aspekte kennen lernen können. Wenn Sie bei kleinen, spontanen Entscheidungen die Erfahrung machen, richtigzuliegen, werden Sie auch bei wichtigen Themen mehr auf Ihren Bauch hören.

Überwiegend c: Sie produzieren Eingebungen am laufenden Meter

Sie fällen Entscheidungen im Sekundentakt. Zeit ist Geld und Zeit ist knapp. Warum sich also lange mit Überlegungen aufhalten, die dann sowieso zum gleichen Ergebnis führen. Während Ihre Mitmenschen noch über die erste Frage nachdenken, sind Sie schon bei Punkt zehn angekommen. Sie können sich blitzschnell auf ungewohnte oder neue Situationen und Menschen einstellen und eine Idee nach der anderen produzieren. **Ihr kreatives Potenzial ist beeindruckend Manchmal kommen Sie aber vor lauter Einfällen gar nicht zum Anfangen** oder Sie beenden ein Vorhaben nicht, weil Sie sich schon mit dem nächsten beschäftigen.

Nicht Ihre Intuition stellt Ihnen manchmal ein Bein; es ist Ihre eigene Schnelligkeit, die selbst Sie bisweilen überholt. Entschleunigung heißt für Sie das Zauberwort. Gönnen Sie sich etwas mehr Zeit, vor allem bei wichtigen Entscheidungen. Halten Sie einmal inne, lassen Sie sich die verschiedenen Möglichkeiten durch den Kopf gehen und entscheiden Sie erst dann intuitiv.

Reife und Entwicklung setzen voraus, dass Sie bewusst wahrnehmen, welche Motive Sie antreiben.

Übereilen Sie nichts, denn sonst könnte es bei Ihrem Tempo auch zu vorschnellen, unklugen Entscheidungen kommen, die Sie später bereuen.

Überwiegend d: Sie setzen bei Entscheidungen vor allem auf Erfahrung

Überschaubarkeit und Sicherheit sind Ihnen extrem wichtig. Deshalb halten Sie an Gewohntem und Bewährtem fest, auch was Ihre Entscheidungen betrifft. **Intuition ist Ihnen ein zu risikoreiches Feld. Denn Gefühle sind so schwer kalkulierbar.**

Sie hören zwar Ihre innere Stimme und oft sagt sie das, was auch Ihr Verstand Ihnen rät, aber nur auf diese Eingebungen zu vertrauen, das käme Ihnen wie ein Sprung ins Leere ohne Fallschirm vor. Sie setzen auf Erfahrung, denn Spontaneität und Veränderungen sind für Sie mit Risiko und Unsicherheit verbunden, und Sie haben Angst, eine falsche Entscheidung zu treffen. Wer sagt Ihnen, dass diese Entscheidung die richtige ist und Sie sie hinterher nicht bereuen werden? Deshalb zögern Sie sehr lange, bis Sie sich entscheiden.

Die Angst vor möglichen Fehlern lässt Sie dann auch zu oft an einmal getroffenen Entscheidungen oder Bewährtem festhalten. Damit verbauen Sie sich jedoch neue, unbekannte Möglichkeiten und die Chance zu erleben, dass Veränderung auch zu etwas Gutem führen kann.

Fangen Sie an, in kleinen Bereichen etwas zu riskieren, indem Sie intuitive Entscheidungen treffen.

Trainieren Sie auf diese Weise Ihr Bauchgefühl und trauen Sie sich mehr zu. Gestehen Sie sich auch ein, Fehler machen zu dürfen – niemand ist perfekt.

Was das Bauchgefühl blockiert

Jeder verfügt über ein inneres Filterprogramm, das uns Rückmeldung über alles gibt, was um uns herum geschieht. Funktioniert dieser Filter gut, kann er eine große Entscheidungshilfe sein. Ist dieser Filter verstopft von Vorurteilen, Beeinflussungen, Sehnsüchten etc., können die Rückmeldungen verfälscht sein. Deshalb ist Selbstbeobachtung und stetiges Überprüfen des eigenen Filterprogramms wichtig. Nur dann funktioniert unsere Intuition perfekt.

Wenn die Verbindung gestört ist

Es gibt verschiedene Einflüsse, die das Filterprogramm daran hindern, richtig zu funktionieren. Dadurch wird unsere innere Stimme verfälscht oder übertönt. Wenn Sie die Fehlerquelle identifizieren, können Sie sie beseitigen und wieder einen klaren Zugang zu Ihrer Intuition bekommen. Die häufigsten Störungen sind hier aufgeführt.

Stress

Wer nie zur Ruhe kommt, kann seine innere Stimme nicht mehr hören. Denn Stress, Hektik und Druck übertönen die leisen Eingebungen. Ständige Musikberieselung, Verkehrslärm, Telefonklingeln, Dauerfernsehen etc. – all dies blockiert unsere Intuition. Sie braucht eine gewisse Entspanntheit, um optimal wirken zu können.

Jeder weiß aus eigener Erfahrung, dass gute Einfälle vor allem in Situationen kommen, in denen wir völlig entspannt sind, wie zum Beispiel bei einem Spaziergang, unter der Dusche oder kurz vor dem Aufwachen. Wenn uns ein Name oder ein Begriff auf der Zunge liegt und wir einfach nicht daraufkommen, dann fällt er uns meistens wieder ein, wenn wir gar nicht mehr daran denken. Das Unterbewusstsein sendet dann die Antwort, weil es im Entspannungszustand am besten arbeitet. Daher sollten Sie versuchen ruhig zu werden und alles, was zur Zerstreuung der Konzentration beiträgt, auszuschalten, wenn Sie vor einer Entscheidung stehen.

Treffen Sie Entscheidungen überwiegend unter Stress? Dann überlegen Sie einmal, welche Ihrer letzten Entscheidungen sich nachträglich als falsch herausgestellt hat:

Stimmung

Weihnachten rückt immer näher und es gibt noch so viel zu erledigen … in solchen Situationen wissen wir oft nicht mehr, wo uns der Kopf steht. Die Angst, in der Hektik noch etwas zu vergessen oder falsch zu machen, belastet uns dann umso mehr. Aber unser Bauchgefühl ist extrem abhängig von unserer jeweiligen Stimmung: Je nachdem, ob es uns gut oder schlecht geht, ziehen wir anderes Erinnerungsmaterial als Entscheidungsgrundlage heran.
Glück oder Depression, verliebt oder getrennt sein, sogar Hormone beeinflussen unsere Urteilsfähigkeit. Wer sich schlecht fühlt, sollte daher besonders vorsichtig mit Blitzentscheidungen sein. In solchen Phasen ist es sinnvoll, sich genug Zeit für wichtige Entscheidung zu nehmen und sowohl den Bauch als auch den Kopf mit einzubeziehen.

Überlegen Sie einmal, welche Entscheidungen Sie in einer schwierigen Zeit oder unter großem Druck getroffen haben und was letztlich die Konsequenzen waren:

Glaubenssätze

Das geht nicht, das klappt sowieso nicht, ich liege mit meiner Intuition immer falsch. Solche gedanklichen Bremsen blockieren auch das Bauchgefühl. Denn diese negativen Glaubenssätze verengen die Wahrnehmung, sie steuern uns in eine falsche Richtung. Es ist wichtig, den Kopf »zu entrümpeln und aufzuräumen« und die hinderlichen Gedanken im Unterbewusstsein aufzulösen. Dazu muss man sich dieser gedanklichen Blockaden bewusst werden, um sie dann aus dem Kopf zu löschen.

Welche Glaubenssätze haben Sie programmiert? Schreiben Sie Ihre negativen Glaubenssätze auf und warum Sie daran festhalten:

Eintönigkeit

Morgens ins Büro, dort die immer gleiche Routine, dann nach Hause, zu Abend essen und danach vor den Fernseher. Wenn jeder Tag gleich verläuft und der Alltag keinerlei Raum mehr für Spontaneität oder Abwechslung lässt, erstickt das auch unsere Kreativität und Intuition. Unsere Intuition beruht auf Erfahrungen. Und die müssen wir machen, damit sie Eingang in unser Archiv finden, auf das wir dann zurückgreifen können. Das klappt nicht, wenn wir Tag für Tag wie ein Roboter funktionieren.

Überlegen Sie einmal, wo in Ihrem Alltag zu viel Eintönigkeit vorherrscht und warum Sie Ihren Spielraum begrenzen. Welche alltäglichen Handlungen bestimmen Ihren Tag, und warum?

Vertrauen Sie auf sich selbst

Unsere Intuition kann eine wichtige Hilfe sein, wenn wir von einer Informationsflut überwältigt werden. Allerdings sollen Sie sich ab jetzt nicht einfach blind auf Ihren Bauch verlassen, denn der sechste Sinn braucht Übung. Mehr Achtsamkeit und regelmäßige Selbstbetrachtung schärfen diese feine Wahrnehmung und damit unser Bauchgefühl. Verbessern Sie also Ihre Intuition und lernen Sie, sie richtig zu nutzen.

Die Intuition richtig nutzen

Die Basis auch für intuitive Entscheidungen ist Wissen. Vor einer Kaufentscheidung heißt das, Fakten sammeln und vergleichen. Beim Kennenlernen eines fremden Menschen bedeutet das, kein Urteil nur aufgrund des ersten Eindrucks fällen. Bei der Wahl des Lebenspartners bedeutet das, sich Zeit lassen, um einander näherzukommen, um den anderen zu erfassen. So gerüstet, kann man seinen Bauch befragen und eine gute Entscheidung fällen.

Gefühls-Strategie Nr.1: Verbinden Sie Kopf und Bauch

Wenn Sie vor einer Entscheidung stehen, sollten Sie drei Schritte tun. Als Erstes sammeln Sie die Fakten. Listen Sie auf, was für und was gegen die verschiedenen Optionen spricht. Unterstreichen Sie die Punkte, die Ihnen besonders wichtig sind. In einem zweiten Schritt aktualisieren Sie Ihre Liste, indem Sie alle nicht infrage kommenden Optionen streichen und für die verbliebenen eine »objektive« Rangliste erstellen. Ihr Favorit kommt auf Platz eins. In einem dritten und letzten Schritt schauen Sie sich diese Liste in Ruhe an und lassen sie auf sich wirken. Nehmen Sie dann Ihren Favoriten rein gefühlsmäßig unter die Lupe. Schieben Sie die harten Fakten beiseite und hören Sie, was Ihr Bauch dazu sagt.
Stellt sich spontane Zufriedenheit ein, stimmen Analyse und Intuition überein, und Sie wissen, was Sie tun werden. Das kann ein sehr starkes Gefühl sein, es ist aber auch möglich, dass Sie einfach nur mit einer

gewissen stillen Befriedigung feststellen: »Das passt jetzt.« Fehlt dieses positive Gefühl und haben Sie eher »zwei Seelen in Ihrer Brust«, dann sollten Sie Ihre Entscheidung überdenken und nach einem anderen Favoriten Ausschau halten. In jedem Fall sollten Sie das Signal, das Ihre Intuition sendet, ernst nehmen. Entweder gewichten Sie dann Ihrem Gefühl entsprechend einzelne Punkte in Ihrer Liste neu, oder Sie suchen nach noch fehlenden, wichtigen Kriterien. Vermutlich reicht Ihre Analyse längst und Ihre Intuition erledigt den Rest. Geben Sie ihr einfach etwas Zeit; die innere Stimme meldet sich bestimmt.

Gefühls-Strategie Nr.2:
Arbeiten Sie mit Ihrer Intuition

Die Intuition muss trainiert werden, damit sie nicht verkümmert. Das geht am besten in der »Tagesschule«. Dabei lassen Sie vor dem Einschlafen die Begegnungen, Erlebnisse und Ereignisse des Tages nochmal Revue passieren und fragen nach der Bedeutung, die dahinterstecken könnte. Besonders aufmerksam sollten Sie so genannte Zufälle hinterfragen. Was hat heute geklappt und warum, was ging daneben und welche Gründe können dafür verantwortlich sein? Was hatte es zu bedeuten, dass ich heute Herrn X oder Frau Y getroffen habe? Wie habe ich auf die Ereignisse reagiert?

Probieren Sie aus, wie es ist, sich bei kleineren Entscheidungen auf den Bauch zu verlassen. Wenn Sie bei banalen Entscheidungen öfters ins Schwarze treffen, dann vertrauen Sie bald auch bei wichtigeren Fragen Ihrer Intuition.

Vor großen Entscheidungen wie zum Beispiel einem Jobwechsel sollten Sie sich auf eine innere Fantasiereise begeben und sich die neue Situation, also den möglichen Job, detailliert vorstellen. Wie fühlen Sie sich in diesem »Bild«?

Achten Sie bei Entscheidungen auf die Signale, die Ihr Körper Ihnen sendet. Fühlen Sie sich bei einer Sache unbehaglich oder verkrampft, sollten Sie die Sache überdenken.

Sport kann der Intuition ebenfalls auf die Sprünge helfen. Viele Läufer bekommen beim Joggen gute Ideen und Geistesblitze. Wichtig ist dabei, dass die Bewegungsabläufe automatisch erfolgen und nur wenig Konzentration fordern. Gewohnheiten bieten dagegen keine gute Basis für Eingebungen, denn Intuition braucht Anregung. Durchbrechen Sie deshalb ab und zu die Routine, und tun Sie dann nur das, wozu Sie spontan die größte Lust verspüren.

Gefühls-Strategie Nr. 3: Beobachten Sie sich selbst

Nicht nur Ihre Verhaltensweisen und Reaktionen kommen zum Großteil aus Ihrem Unterbewusstsein, sondern auch viele Ihrer Einstellungen. Erziehung, Vorbilder und Erfahrungen haben Sie geprägt, haben eine Grundlage dafür geschaffen, welchen Dingen gegenüber Sie positiv eingestellt sind und welchen negativ. Ihre Einstellungen beeinflussen nun unbewusst Ihre Verhaltensweisen und Entscheidungen. Entlarven Sie Ihre unbewussten Triebkräfte. Eine gute Möglichkeit ist es, sich den Tag als Theaterstück vorzustellen, bei dem Sie im Publikum sitzen und von dieser Perspektive das Geschehene betrachten, auch sich selbst und Ihre eigene Rolle. Es geht dabei nicht um Kritik an anderen oder sich selbst, sondern nur um das Wahrnehmen. Geben Sie ganz bewusst das Urteilen und Bewerten auf. Wir sind es zwar gewohnt, ständig uns selbst, andere Menschen und alle Ereignisse mit gut oder schlecht zu bewerten. Aber versuchen Sie bei diesem Theaterstück einmal nur, alles so anzunehmen, wie es ist. Das schärft den Blick für das Wesentliche.

Gefühls-Strategie Nr. 4: Schärfen Sie Ihre Sinne

Fänden Sie es gut, wenn man über Sie schon nach den ersten fünf Minuten einer Begegnung ein Urteil fällen würde? Wohl kaum. Wer könnte denn nach so kurzer Zeit Ihr Wesen wirklich erfassen? Aber warum tun Sie es dann bei Ihren Mitmenschen?

Der erste Eindruck ist mächtig, aber oft auch fehlerhaft. Viele fallen bei einer ersten Begegnung auf ihre eigenen Automatismen oder Stereotypen herein. Erst wenn wir diese Fehlerquellen ausräumen, können gute Entscheidungen daraus resultieren. Machen Sie sich also möglichst frei von Vorurteilen, indem Sie jeden fremden Menschen zunächst so neutral wie möglich sehen. Urteilen Sie nicht vorschnell, sondern lassen Sie sich Zeit zum Beobachten und besseren Kennenlernen. Versuchen Sie, Fremde nicht in bestimmte Schubladen zu stecken, denn dadurch wird Ihre Beurteilung zu stark vereinfacht. Achten Sie bei Gesprächen auf die unbewussten Signale der Mimik, Gestik, Stimme und Sprechweise, um Ihre Sinne zu schärfen. Nehmen Sie sich vor, beim nächsten Mal, wenn Sie einen fremden Menschen kennenlernen, Ihren ersten Eindruck oder intuitiven Impuls bewusst zu registrieren und vielleicht aufzuschreiben. Überprüfen Sie Ihren Eindruck dann später auf seine Richtigkeit hin.

Gefühls-Strategie Nr.5:
Holen Sie sich Feedback

Passen Sie auf, wenn Sie einen Menschen auf Anhieb sympathisch oder unsympathisch finden, denn Sie unterliegen der Gefahr, eine schwarze oder rosarote Brille zu tragen. Wenn Sie jemanden unsympathisch finden, sollten Sie diesen Menschen aufmerksam studieren, um herauszufinden, warum Sie dieses Gefühl haben. Wenn Sie jemand an eine andere Person erinnert, müssen Sie Ihre Urteile besonders unter Kontrolle halten, damit Sie keine falschen Eigenschaften in die Person hineinprojizieren. Versuchen Sie, den Charakter eines Menschen zu erfassen, ohne diesen zu bewerten. Fragen Sie auch mal andere, was sie von jemandem halten, und vergleichen Sie Ihre Eindrücke.
Einige Menschen sind besser als andere darin, Gedanken, Gefühle und Absichten ihrer Mitmenschen zu lesen. Doch für uns alle gilt: Je besser wir einen Menschen kennen, desto leichter können wir spüren, was in ihm vorgeht. Trotzdem sollten Sie sich gelegentlich vergewissern, ob Sie die Befindlichkeit des anderen auch richtig interpretiert haben. Denn durch Feedback kann man seine Intuition deutlich verbessern.

Gefühls-Strategie Nr.6:
Erleichtern Sie sich wichtige Entscheidungen

Oftmals tragen wir wichtige Entscheidungen lange vor uns her, ohne zu einem Entschluss zu kommen. Wir sind unsicher, haben Angst, uns falsch zu entscheiden, oder wir kommen einfach zu keinem Ergebnis. In solchen Fällen sollten Sie Ihre Intuition einsetzen.

Welche Entscheidungen schieben Sie schon lange vor sich her?

Überlegen Sie einmal, welche Entscheidungen schon seit einiger Zeit anstehen, aber nicht getroffen werden, weil Sie nicht wissen, wie Sie sich entscheiden sollen. Sie kennen vermutlich die Fakten, aber trotzdem fällt die Entscheidung schwer.

Notieren Sie hier eine solche offene Entscheidung, dabei spielt es keine Rolle, ob sie unbedeutend oder folgenreich ist:

Es ist gut, sich einmal klarzumachen, dass es Entscheidungen gibt, die erst reifen müssen. Wenn Sie alle vernünftigen Punkte abgeklärt haben, sollten Sie Ihrer Intuition eine Chance geben, Ihnen den richtigen Weg zu weisen. Vielleicht fehlt nämlich noch genau das Quäntchen Gefühl und Sie wären einen Schritt weiter.

Erinnern Sie sich an »gute« Entscheidungen

Jeder muss im Lauf seines Lebens wichtige Entscheidungen treffen, wie zum Beispiel bei der Berufs- oder Partnerwahl. Viele davon haben Sie bereits getroffen und sie waren richtig und gut. Erinnern Sie sich daran.

Überlegen Sie, welche Ihrer wichtigsten Lebensentscheidungen Sie aus heutiger Sicht genau so wieder treffen würden:

Sich bewusst zu machen, dass wir neben manchen Fehlentscheidungen eben auch richtige Antworten auf die wichtigen Fragen des Lebens gefunden haben, stärkt unser Selbstvertrauen.

Gefühls-Strategie Nr.7: Halten Sie Entscheidungen im Tagebuch fest

Schreiben Sie nun in Ihr Tagebuch, wann Sie im Laufe des Tages mit Entscheidungen richtiggelegen oder ins Schwarze getroffen haben. Das müssen keine weltbewegenden Entscheidungen gewesen sein. Jeder erlebt täglich viele Augenblicke, in denen er unbewusst das Richtige tut. Versuchen Sie sich an diese spontanen Entscheidungen oder auch Eingebungen, denen Sie gefolgt sind, zu erinnern. Sich vor Augen zu führen, wann die eigene Intuition ein perfekter Ratgeber war, schafft Selbstvertrauen für zukünftige Entscheidungen.

- Wann habe ich heute eine richtige Entscheidung getroffen?

Jetzt können Sie etwas verändern!

Sie sind am Ende des Buchs angelangt und damit auch am Ende Ihrer Reise durch Ihr Innerstes. Vielleicht hatten Sie einige Aha-Erlebnisse. Bestimmt aber haben Sie über ein paar »verrückte« Veränderungen nachgedacht, von denen Sie schon lange träumen. Was wollten Sie längst tun und haben sich nicht getraut? Was wollten Sie seit Langem beenden, haben es aber nicht getan? Das Warten und Aufschieben können Sie jetzt hinter sich lassen. Stellen Sie nun die Weichen neu und machen Sie sich auf in Ihr richtiges Leben.

Jetzt sind Sie befreit

Ja, aber … diese zwei kleinen Worte haben in Ihrem Leben viel zu lange oder viel zu oft eine Rolle gespielt. Sie haben Sie daran gehindert, das zu tun, was Sie schon immer wollten. Das ist jetzt Vergangenheit und Sie sind in der Gegenwart angekommen. Ja, aber … die Umstände passen momentan nicht, die Verpflichtungen sind zu groß, ich bin schon zu alt, ich kann mich nicht entscheiden, das Geld dafür fehlt, das schaffe ich sowieso nie oder das sind doch alles nur Hirngespinste – diese Denkmuster haben Sie nun abgestreift. Ist es nicht ein wunderbares Gefühl, endlich frei zu sein?

Sie haben die Warteschleife verlassen und können nun beflügelt in die Richtung gehen, die Sie bestimmen und niemand sonst.

Sie sind der Auslöser für das Neue

Entscheiden Sie nun, wie es weitergehen soll. Sätze wie: »So ist nun mal das Leben« oder: »So bin ich halt« haben ausgedient. Das Leben ist das, was Sie daraus machen. Wenn Sie sich verändern, werden Sie Dinge tun, die Sie noch nie getan haben. Sie werden Dinge erleben, von denen Sie bisher nur geträumt haben! Und wenn Sie sich verändern, wird sich alles um Sie herum ebenfalls ändern. Sie sind der Stein, der ins Wasser fällt und mit seinen kreisförmigen Wellen alles in Bewegung bringt. Sie haben es in der Hand.

Fassen Sie sich ein Herz

Vielleicht denken Sie immer noch, dass es sicherer wäre, nichts zu wagen und kein Risiko einzugehen. Aber bedenken Sie: Risiken lassen sich nur bedingt kalkulieren. Probleme werden immer auftreten, und zwar meistens dort, wo Sie nicht mit ihnen rechnen. Sie können zehn Risiken vorbeugen und dann tritt der elfte Fall ein, an den Sie nicht gedacht haben. Wichtiger ist also, sich darauf einzustellen, dass Unvorhergesehenes passieren wird. Rechnen Sie mit Krisen und Problemen, sie gehören zum Leben dazu. Sich dann konkret mit ihnen auseinanderzusetzen ist eine wichtige Erfahrung und Ihre Chance! Sie werden dadurch lernen und Ihre Fähigkeiten weiter verbessern. Das allergrößte Problem wäre der Stillstand. Denn es ist nicht das Ziel dieses Lebens, eigene Wünsche, Träume und Visionen zu verleugnen. Vor allem nicht aus Angst vor dem Scheitern oder dem Misserfolg.

Ab jetzt heißt es nur noch GO!

Sie haben die Muster, die Sie bisher gebremst haben, erkannt und sich mit ihnen beschäftigt. Sie wissen nun, wie Sie diese Muster loswerden – und haben sicher schon den einen oder anderen Bremsklotz entfernt. Sie sind auf dem richtigen Weg!

Wer sich in der Warteschleife um die eigene Achse gedreht hat, kann endlich eigene Entscheidungen treffen. Wer nur für andere da war, kann ganz für sich und seine eigenen Bedürfnisse einstehen. Wer von Schuldgefühlen blockiert war, kann sich nun ohne schlechtes Gewissen auf Platz eins setzen. Wer mit Neidgefühlen zu kämpfen hatte, erkennt jetzt seinen eigenen Wert. Wer dem falschen Traum hinterhergelaufen ist, startet nun ins wahre Leben. Wer im Stresskarussell gefangen war, findet zurück zur eigenen Balance. Und wer im Vernunftkorsett eingeschnürt war, kann jetzt endlich wieder der eigenen Intuition vertrauen.

»Zwischen Denken und Tun ist kein Hauch«, sagt eine asiatische Weisheit und spricht damit die Macht des Geistes an. Menschen, die jedes gesteckte Ziel erreichen, nutzen ihr geistiges Potenzial – oft sogar, ohne es zu ahnen. Sportler zum Beispiel arbeiten gezielt mit mentalem Training, um sich bei dem, was sie leisten, selbst zu unterstützen und nicht zu stören. Sie trainieren nicht nur ihren Körper, sondern auch ihren Geist wie einen Muskel. Mentales Training bedeutet eine Art Film, der vor dem inneren Auge abläuft. Man stellt sich vor, was man tun wird, und spielt es im Geiste durch. Die Aktion wird dabei mit starken, positiven Gefühlen versehen. Denn Emotionen sind der Schlüssel zum Erfolg.

Alles, was wir gerne und mit Freude lernen, kann im Gehirn besser gespeichert werden, weil gute Gefühle mit im Spiel sind.

Gute Gefühle für den langen Atem

Viele Menschen kommen nicht ans Ziel, weil ihre Gefühle zu schwach waren und ihnen auf halber Strecke die Luft ausgegangen ist. Nicht Glück oder Talent, sondern starke, positive Gefühle sind das Erfolgsgeheimnis. Natürlich klingt es viel prickelnder, wenn man sagt: Ich hatte Glück, ich bin halt schlau, mein Timing war super. Aber in Wahrheit bringt uns nur die Mischung aus Leidenschaft und Durchhaltevermögen ans Ziel.
Der Geniestreich lässt sich nicht erzwingen, aber erfolgreiche Menschen glauben einfach daran, dass sie am Ende siegen werden. Dieser Optimismus fördert das Durchhaltevermögen und hilft dabei, Hürden zu überwinden. Glückliche Menschen haben eine optimistische Sicht auf die Dinge, was wiederum den Erfolg in den Bereich des Möglichen rückt.

Tun Sie es jetzt!

Mithilfe des Wunschprogramms (siehe S. 18) können Sie alle Ihre Wünsche und Träume mit guten Gefühlen verbinden und wahr werden lassen. Schieben Sie es nicht auf, sondern tun Sie es jetzt! Denn wenn Sie Ihren Entschluss nicht innerhalb der nächsten Tage in die Tat umsetzen, bleibt alles Theorie. Wenn Sie loslegen, wird sich Ihr Bewusstsein verändern, Sie werden ein anderer Mensch sein. Ihre Lebensqualität wird sich steigern. Sie werden sich selbst näherkommen und mehr Freiheit erlangen, denn die Meinung der anderen wird Sie nicht mehr beeinflussen. Sie werden agieren und nicht nur reagieren. Sie werden Dinge verstehen, die Sie vorher nicht erkannt haben. Sie werden verstehen, dass nicht wichtig ist, was oder wer Sie sind, sondern nur, dass Sie sind! Wenn Sie nun aktiv werden und den ersten Schritt tun, erleben Sie, wie Sie die Weichen neu stellen und endlich Ihr eigenes Leben leben und keinen einzigen Tag mehr versäumen! Dieses Leben kann weder umgetauscht noch wiederholt werden und eine Garantie gibt es obendrein nicht.

Starten Sie nun in das Abenteuer Leben und riskieren Sie etwas. Leben Sie jetzt!

Register

Impressum

Bitte besuchen Sie uns auch im Internet unter der Adresse:
www.knaur-ratgeber.de

Bibliografische Information: Deutsche Nationalbibliothek
Die Deutsche Nationalbibliothek verzeichnet diese Publikation in der Deutschen Nationalbibliografie; detaillierte bibliografische Daten sind im Internet über http://dnb.ddb.de abrufbar

Wichtiger Hinweis:

Die im Buch veröffentlichten Ratschläge wurden von Verfasser und Verlag sorgfältig erarbeitet und geprüft. Eine Garantie kann dennoch nicht übernommen werden. Ebenso ist die Haftung des Verfassers bzw. des Verlages und seiner Beauftragten für Personen-, Sach- und Vermögensschäden ausgeschlossen.

Bildnachweis:
Fotos: Corbis/zefa/Anna Peisl S. 22/Loreen March S. 170; plainpicture/C. Gruenewald S. 6

Projektleitung: Bettina Huber
Redaktion: Annette Gillich-Beltz
Bildredaktion: Gaby Schnitzlein
Umschlagkonzeption: griesbeckdesign, München
Herstellung: Veronika Preisler
Layoutkonzeption und Satz: griesbeckdesign. München
Reproduktion: Repro Ludwig, A-Zell am See
Druck und Bindung: Firmengruppe APPL, aprinta druck, Wemding
Printed in Germany

Gedruckt auf umweltfreundlich chlorfrei gebleichtem Papier.

ISBN 978-3-426-64323-5